すぐに ▼ 役立つ

最新 不動産の売却【任意売却・相続放棄・空き家処分】と
債務整理の法律問題

認定司法書士 松岡 慶子 監修

三修社

はじめに

　本書を手にとられた人の中には、何らかのやむを得ない理由で、本来手放したくはなかった家や土地を売却しなければならないという問題を抱えている人もいらっしゃるのではないでしょうか。

　たとえば、「住宅ローンを組んで不動産を購入したものの、勤務先のリストラや給与カットといった事態によりローンの支払いが滞った」という場合があります。こうした事態に直面し、住宅ローンなどの金融機関からの借入金の返済が憂慮すべき問題として深刻化してくる場合があります。債務者が不動産を所有している場合、返済が滞ると、債権者は最終手段として、裁判所に競売を申し立てることにより、債務者の所有する不動産を売却し、売却代金から優先的に債権を回収しようとします。もっとも、競売手続きが進行中であっても、任意売却により競売を回避する方法はあります。

　この他、「実家が空き家になってしまったので早急に処分したい」「相続税を支払うために別荘や実家を売却したい」などの切実な理由による不動産の売却もあります。

　本書では、住宅ローンの支払が困難になった人や空き家の処分のため、不動産を売却したいと思っている人などを対象に、具体的なケースを随所に交えて、必要な法律知識が身につくように構成しています。競売を回避する有効策としての任意売却の概要や手続きの進め方などを平易に解説しているのが特徴です。任意売却後に債務が残った場合の債務整理についても、自己破産だけでなく、住宅ローン特則を利用した個人民事再生など状況に応じた選択肢について解説しています。

　「自然災害債務整理ガイドライン」（新型コロナ特則）や「相続登記の義務化」などを盛り込んだ民法と不動産登記法改正案など、最新の情報にも対応しています。

　本書を通じて皆様の問題解決のお役に立てれば幸いです。

監修者　認定司法書士　松岡　慶子

Contents

第4章 売却交渉と売却手続きの流れ

第5章 強制執行と担保権実行のしくみ

第8章　自己破産のしくみ

第 1 章

不動産を売却する事情と
問題解決法

1 不動産を売却する理由は人それぞれ

不動産の売却は法律上は売買契約にあたる

不動産を売却する事情はさまざま

　何らかの事情で、自分が所有する不動産を売却しなければならない場合があります。不動産とは、土地および土地の定着物のことを指します。そして、ここにいう「土地の定着物」の代表例が、一戸建ての住宅（戸建て住宅）、アパート、マンションといった建物です。特に人が住むための建物のことを家屋といいます。

　不動産を売却する理由は人それぞれです。たとえば、「別な場所に不動産を購入して住み替えたい」「投資目的で購入した不動産の価値が上昇したから売却したい」などの積極的な理由から、不動産を売却したいと思う場合もあるでしょう。

　反対に、「住宅ローンを組んで土地と住宅を購入したものの、支払いが滞ってしまった」「事業を起こしたものの、経営難に陥ってしまった」「資産を増やすつもりで始めた不動産投資に失敗して、逆に負債を増やしてしまった」「実家が空き家になってしまったので、早急に処分したい」「相続税を支払うために別荘や実家を売却したい」などの切実な理由による売却もあるでしょう。

　特に後述するように、多額の借金（債務）を抱え、資金繰りに行き詰まってしまったときには、最終的に債務整理を検討することになります。しかし、不動産を所有している場合には、債務整理の進め方について、よく考えてから行動することが重要です。なぜなら、債務整理の方法によっては、その所有している不動産を手放さなければならなくなる、というリスクが生じる可能性があるからです。

不動産を売却する2つのメリット

　不動産の売却は、法律上は「売買契約」にあたります。売買契約とは、たとえば、自分が所有している土地とその土地に建っている住宅を他人に売却したいと希望する人（売主）が、土地と住宅の購入を希望する人（買主）との間で、土地と住宅を〇〇万円で売却することを約束するという契約です。この場合、土地と住宅の所有権が売主から買主へと移転し、買主が売主へ〇〇万円を支払います。

　不動産を売却するメリットは、主に2つあります。まず、家屋を売却する場合、その家屋のコンディションがよいときは、そのまま活用してもらうことができるという点です。住んでいた家屋をそのままの形で残すことができるという良さもありますし、家屋を取り壊して更地にするなどの費用を負担する必要がありません。もっとも、家屋のコンディションがよいことが前提ですので、あまりに老朽化した家屋の場合には、売却以外の活用方法を考える必要があります。

　次に、税金面での利点です。不動産を売却してしまえば、固定資産税や都市計画税（都市計画税は市街化区域内の場合）については所有者である買主が負担することになりますので、買主を見つけることができれば、翌年以降の固定資産税や都市計画税を負担する必要がなくなります。なお、日本の場合、築二十数年以上経過している一戸建ての住宅については、その資産価値がほとんど評価されません。したがって、このような一戸建ての住宅とその住宅が建っている土地を売却する場合、売却価額の内訳はほとんど土地代のみとなるようです。

　また、土地のみ（更地）を売却する場合は、宅地の方が有利な売却価額になります。なぜなら、農地は、基本的には農業従事者のための土地で、これを他人に売却する場合は、売却前に許可を取得しなければならないなど、手続き上のデメリットが存在するためです。

実家が空き家になった場合に売却を検討する

売却することで税金や維持・管理の負担から解放される

実家が空き家になった場合に検討する手段

両親が死亡したことによって実家が空き家になる場合、相続人としては、まず、その空き家になった実家を相続するか否かを選択することができます。その空き家を活用する用途がなく相続するメリットが自分にない場合は、相続人全員が参加する遺産分割協議を通じて、その空き家の相続を回避する（他の相続人に空き家を相続してもらう）ことが考えられます。

相続人が自分以外に誰もいない場合であっても、その空き家を必ず相続しなければならないわけではなく、後述する相続放棄によって空き家を相続せずに済む方法もあります。ただし、相続放棄については、両親の死亡を知った日から3か月以内に申し立てる、という期間制限があります。さらに、相続放棄をすると、両親が持っている他の財産の相続もできなくなる、というデメリットがあることに留意が必要です。

これに対して、自分が空き家を相続することになった場合、従来からの空き家の活用法としては、他人に賃貸・売買することや、空き家を取り壊して更地にすることなどが考えられます。空き家の活用方法を検討する場合に、そのコンディションがよければ、売買や賃貸の検討も有効ですが、老朽化が進んでいれば、取壊しの方が活用の幅が広がることもあります。ここでは売却の方法について見ていきます。

空き家を売却することによるメリット

両親の死亡に伴い空き家になった場合において、現状の空き家の状態を変えることなく、比較的すぐ行うことができる活用方法が、他人

に売却するという方法です。

　空き家を売却するメリットは、一般的には、前述した不動産を売却するメリットと同じです。つまり、空き家のコンディションがよければ、その空き家をそのまま活用してもらうことができることと、税金面での利点（売却した翌年以降は固定資産税や都市計画税の負担がなくなる）という2つです。

　さらに、賃貸と比較したときに、空き家を買主へ売却することで、その維持・管理などの責任が買主に移転する、というのが売却の大きなメリットだといえるでしょう。空き家を他人に賃貸しても所有権は自分に残るので、その維持・管理の責任からは解放されません。しかし、空き家を売却すると所有権が買主へ移転するので、その維持・管理の責任から解放されるというわけです。したがって、空き家の売却は相続人にとってリスクが低い空き家の活用方法といえるでしょう。

　ただし、適切な買主を自ら見つけることは容易ではありません。通常は、仲介料を支払って不動産業者（宅建業者）に仲介を依頼して、買主を見つける手間をはじめ、売却に必要なさまざまな手続きを不動産業者にまかせることが多いといえます。

■ 空き家の売却の手順 ‥‥‥‥‥‥‥‥‥‥‥‥‥‥‥‥‥‥‥‥‥‥

空き家の売却を希望	⇒	事前準備

① 家財道具の整理
② 権利関係に関する書類の準備
③ 必要なリフォームの実施

自分で買主を探す
売却に必要な手続きを自分で行うことが必要

不動産業者に仲介依頼
仲介料の負担が発生するが、買主の探索や売却に必要な手続きは不動産業者が行う

3 空き家をめぐる税金対策について知っておこう

特定空き家等に指定された空き家は取り壊される場合がある

空き家対策特別措置法とは

　社会問題化する空き家問題の対応に特化した法律が空き家対策特別措置法です。この法律では、居住などの使用がなされていないことが常態化（１年以上が目安）している建築物などを「空き家等」と定義しています。さらに、空き家等のうち、倒壊のおそれのある危険な状態、著しく衛生上有害な状態、著しく景観を損なっている状態などにあるものを「特定空き家等」と定義しています。

　特定空き家等については、その所有者などに対し、取壊しや修繕などの必要な措置をとるよう市町村長が助言・指導し、助言・指導に従わないときは勧告をすることができます。

税制面による空き家対策の必要性

　空き家に固定資産税がかかるものの、土地に関しては、更地で所有するより家屋が建っている方が固定資産税は優遇されます。

　通常の住宅用地では、小規模住宅用地（200㎡以下の部分）は固定資産税評価額の６分の１、一般住宅用地（200㎡を超える部分）は固定資産税評価額の３分の１が「課税標準」となる特例（小規模住宅用地等の特例）があり、固定資産税が軽減されます。空き家を解体しようとすると、木造住宅で坪あたり通常約３～５万円程度の解体費用がかかるだけでなく、解体後は上記の特例を受けられなくなり、土地の固定資産税が数倍になります。とりわけ地価が高騰している都心部では、この固定資産税の増額は痛い出費につながります。

　このように、更地にするより空き家にしておく方が税金が少ないこ

とが、空き家が放置されたまま増加する原因のひとつといえます。

しかし、前述した特定空き家等として認定されて勧告を受け、賦課期日（1月1日）までに必要な措置をとらないと、小規模住宅用地等の特例が適用されず、固定資産税額が数倍になります。なお、勧告に従わない場合は必要な措置をとるよう命令がなされ、それでも従わなければ、代執行（行政代執行）の手続きにより強制的に特定空き家等が取り壊される場合があります。代執行の費用は特定空き家等の所有者が最終的に負担しなければなりません。

■ 特定空き家等になる前に売却することも検討する

たとえば、誰も使用する予定のない家屋を相続した場合、特定空き家等になる前に売却するのも1つの方法です。相続を原因に新たな空き家が発生するのを抑制するため、令和5年12月31日までに相続または遺贈によって取得したが、空き家の状態にある家屋などを売却した場合に、譲渡所得の金額から最高3,000万円を特別控除する特例措置があります。

特例措置の対象となるのは、原則として、相続開始直前まで被相続人が1人で居住していた家屋（昭和56年5月31日以前に建築されたものに限る）およびその敷地を、相続の時から誰も使用していないままの状態で、相続開始日から3年を経過する日の属する年の12月31日までに、代金1億円以下で売却した場合です。相続開始直前に被相続人が老人ホーム等に入居していても、特例措置の対象となる場合があります。

なお、市区町村から「被相続人居住用家屋等確認書」の交付を受けることや、耐震性のない家屋は耐震リフォームを施して売却することが必要ですが、家屋を取り壊して土地だけを売却する方法の選択も可能です。適用要件が複雑なので、相続した空き家が特例措置を受けられるのかどうかは、税務署や税理士などに相談するのがよいでしょう。

4 売却などを検討する前に確認しておくべきこと

売却・賃貸の前提として建物の安全性を確認する

どんな手段がありどんな流れで進めたらよいのか

　前述したように、両親の死などによって、実家が空き家になった場合に空き家を売却することが考えられます。具体的な手続きに進む前に、事前の準備が欠かせません。まず、売却や賃貸に出すために、空き家の中にある家財道具等の整理が必要です。また、権利関係や境界に関する書類も、その後の手続きをスムーズに進めて行くために、忘れずにそろえておきましょう。

古家の場合

　空き家の買主を見つけるためには、住宅の安全性を確保することがもっとも重要です。少々目につく程度の傷みなどであれば、簡単なリフォームを行うことによって、売却や賃貸に適したコンディションに整えることができます。

　さらに、空き家の安全性について、忘れてはならないのが耐震性に関する問題です。耐震性の確認を怠ると、実際に地震が起きた場合の被害が甚大化することはもちろんのこと、売却時の物件の資産価値や査定価格にも影響が出てくるおそれがあります。

　特に、空き家である家屋が建てられた時期が重要です。昭和56年5月以前に建築確認を受けた家屋は旧耐震基準が適用されていたため、これに該当する空き家は、耐震リフォームが施されていなければ、現在の耐震基準を満たさない可能性が高いです。昭和56年6月1日に施行された現在の耐震基準は新耐震基準と呼ばれ、新耐震基準による建築確認においては、震度5強程度の地震ではほぼ損傷せず、震度6強

から7程度の地震でも倒壊や崩壊しない家屋であるか否かという点から審査が行われます。旧耐震基準では「震度5程度の地震に耐え得る住宅」となっていたところ、新耐震基準では「震度6強以上の地震で倒れない住宅」と改められたからです。

　空き家が新耐震基準を満たすことは、その売却を行う上での大前提であるということを留意しておく必要があります。

　また現在は、中古住宅や後述する中古マンションも住宅性能表示制度の対象になっていることを知っておく必要があります（住宅性能表示制度の利用は任意です）。住宅性能表示制度とは、住宅の品質確保の促進等に関する法律（品確法）に基づく制度で、客観的な評価を行うことで住宅の性能を明らかにし、住宅の品質確保を図ることを目的としています。具体的には、構造耐力、省エネルギー性、遮音性など、新築住宅は10分野、中古住宅は9分野にわたる設計・施工の性能に関する所定の項目を、共通のルール（表示の方法、評価の方法の基準）に基づいて等級により評価を行い、住宅性能評価書にまとめられます。各項目の等級を見ることで、買主が要求する性能の程度を容易に確認することができることから、複数ある住宅の性能を簡単に比較することができます。そのため、住宅性能表示制度を利用することで、買主が見つかりやすくなります。

▌中古マンションの場合

　空き家が中古住宅ではなく中古マンションである場合も、傷み具合が売却の弊害になる点は変わりませんので、リフォームをすることで売却に堪えることができるコンディションにすることが重要です。ただし、マンションの場合は、戸建てとは異なり、マンション内のルールである管理規約に基づき、リフォームをする際にも従うべき事項があるため、必ずしも自分の思うようにリフォームができるわけではありません。また、リフォームの際に近隣住民との間で騒音などのトラ

ブルが生じることがある点にも注意が必要です。

　以上のように、リフォームに心を砕き、清潔感を確保するとともに、ゲストルームをはじめ共用施設が充実しているなど、居住するにあたってのアピールポイントを明確にしておくことで、評価額のアップをめざし、買主の早期獲得に向けて努力する必要があります。

▌賃貸に出すことや隣人への売却も検討の余地あり

　一般的に不動産の売却となると、離れた場所に住んでいる第三者を買主として探すことになりますが、この買主について意外な盲点があります。遠方から空き家に移住してくる買主は小世帯が多いのに対し、とりわけ郊外にある空き家は比較的広いものが多いので、買主が見つかりにくいという問題があります。そこで売却を諦めて、借り手の自由なリフォームを許す賃貸借契約を結ぶ（DIY型賃貸借契約）などの工夫を凝らさざるを得ないことも多いようです。

　このように建物の売却にあたっては、買主を探すことが容易ではありませんが、空き家の隣人が買主になってくれる場合もあります。隣人が長らくその地域に住んでいるのであれば、空き家やその周辺環境に熟知しています。そのため、売却手続きを進めて行く上で、実際にその空き家を見て、周辺環境を確認して購入するか否かを検討する、という手順を省略することができ、早期に売却手続きを進めることができます。

　また、隣人である買主にもメリットがあります。隣人自身から見れば隣りにある土地や建物を購入することになるので、そこに自分の親族を住まわせるという活用方法があります。空き家を取り壊した上で隣人が更地を購入する場合は、隣人自身が所有する家屋を更地の部分にまで広げて増改築するなど、購入後の活用方法について多様な選択肢があります。したがって、隣人が買主になるモチベーションが比較的高いケースがあるということができます。

5 競売や任意売却はどのように利用したらよいのか

どちらにもメリット・デメリットがある

住宅ローンなどの支払いが滞ったときはどうなるのか

　住宅ローン、消費者金融、事業者が借り入れた資金は、いずれも借金なので、貸した側（債権者）に返済しなければなりません。借入額が多額の場合は、一括返済ではなく、「３年払い」「60回払い」のように分割して返済期日ごとに返済していくのが通常です。

　順調に返済できず支払滞納が続くと、貸金業者や銀行などの債権者から督促状が送付されてきます。この場合、債権者と協議の上、債務額の再計算や任意整理といった方法で債務を整理し、返済計画を見直します。最終的に返済不可能と判断されると、自己破産や事業の廃業に至ることになりますが、破産手続きにおいて、あるいは破産手続きより前において、所有している不動産の処理を検討しなければなりません。あらかじめ担保権（主として抵当権）が設定されているときは競売が実施されますが、借りた側（債務者）としては、より高い価格で売却するために任意売却の手法を知っておく必要があります。

競売・任意売却とは

　借入額が多額の場合、債権者である銀行や保証会社などは、債務者の自宅や土地に抵当権（130ページ）を設定します。抵当権の設定を受けた債権者を抵当権者といいます。住宅ローンが典型例ですが、月々の返済が滞ると、抵当権者は、債権を回収するために債務者の自宅や土地に設定された抵当権を実行します。抵当権が実行されると、自宅や土地は裁判所によって強制的に売却され、売却代金から抵当権者が優先的に債権を回収します。この一連の手続きを競売といいます。

債権者が抵当権を設定していないケースであっても、債務者が不動産を所有していれば、債権者は不動産に対して強制執行手続きを申し立ててくるでしょう。ただし、強制執行手続きの申立てがなされても、入札前であれば、債務者は債権者に任意売却の提案をすることができます。任意売却とは、裁判所の手続きによらないで、自宅や土地を売却することです。売却方法は通常の不動産売買と変わりません。つまり、自宅を買ってくれる人（買受人）を見つけて、その買受人に自宅を売却することになります。

　ところで、債務が膨れ上がり、自宅や土地を売らなければ返済ができなくなった場合、債務者としては、競売を甘受するのがよいか、任意売却を提案するのがよいかは迷うところです。両者のメリット・デメリット（次ページ図参照）の他、売却後に残った債務の整理方法を踏まえ、どちらを選択すべきかを検討していくとよいでしょう。

▌競売期間中に生活を立て直すことができる

　競売は、裁判所を通した手続きなので、厳格さが求められます。そのため、調査などに時間がかかります。また、申立費用や登記手続の費用もかかります。ただ、時間と費用がかかることは、債権者にとってのマイナス要因であり、債務者にとっては関係がないか、またはメリットといえます。競売費用は債権者が支払いますし、時間がかかればかかるほど、自宅に長く住むことができます。その間、ローンを支払うこともありません。そのため、それまでローンとして支払っていた費用を、生活の建て直しのために使うことができます。競売は落札まで１年ほどかかるので、かなりの資金を貯めることができます。

　ただ、「長く住めるから競売の方が有利」とする考え方は、自己破産を前提とした場合にのみ妥当することを忘れてはなりません。競売が長引けば、それだけ多く遅延損害金を支払わなければなりません。遅延損害金とは簡単に言えば延滞料のようなもので、住宅ローンを延

滞すれば、延滞日数分の遅延損害金を支払わなければなりません。

　また、競売では、任意売却に比べて、市場価格よりもかなり低い金額で売却されるため、債務が残る場合は返済負担が大きくなるというデメリットがあります。

　さらに、競売期間中に買受人が現れないと、特別売却という方法で再度競売にかけられることが多いです。特別売却では、最初に買受を申し出た人に買受の権利が与えられるため、通常の競売手続きよりも低い金額で落札される可能性があります。そのため、残債務の整理方法として自己破産以外を検討している場合には、任意売却の方がより多くのメリットがあるといえるでしょう。

■ 競売と任意売却

競売のメリット	・手続きはすべて債権者が行うので、債務者は原則関与しない ・競売手続きは通常半年〜１年ほどはかかり、その間は自宅に住み続けることができる。場合によっては、競売手続きに２〜３年以上かかることもある。また、競売で買受人が現れなければ、ずっと住み続けられる可能性もある
競売のデメリット	・市場価格よりかなり低い金額で売却される可能性がある ・競売後の残債務については、債権者は厳格に対応することが多い（残債務を支払えなければ、破産などを考えるしかない） ・近隣の住民その他の第三者に競売を知られてしまう可能性がある ・裁判所で競売情報を閲覧した不動産業者や不動産ブローカーなどが大勢自宅にやってくる可能性がある
任意売却のメリット	・市場価格に近い金額で売却できる可能性が高い ・近所の人々には「住宅ローンが支払えなくなったから売却する」という内部事情はわからない ・売却後の残債務については、債権者に柔軟に対応してもらえることも少なくない ・売却代金から引越代を出してもらえることがある
任意売却のデメリット	・競売よりも短期間に自宅を退去しなければならないことが多い ・契約などの手続きに関与しなければならない ・先に手数料などを支払わせて、任意売却がうまくいかなくても返金しない悪質業者に引っかかることがある

自宅を親戚に売却し、貸してもらう方法もある

親戚にもメリットがあることを示す

任意売却を利用して住宅に住み続ける方法

　任意売却をうまく利用することで、自宅に住み続けることができるというメリットもあります。それは、親戚や知人に、住宅を購入してもらうのです。その上で、住宅の所有者となった親戚などから、住宅を借り受けます。つまり、自宅を売り払う代わりに、新しい所有者に賃料を支払うことで、これまで通り住み続けることができるようになります。また、将来資金に余裕ができれば、買い戻すことも可能になります。

　親戚や知人でしたら、買受人を探す手間も省けるというメリットもあります。ただ、この方法は、親戚などに自宅を購入するだけの金銭がなければなりません。ほとんどの銀行では、親戚間や知人間による住宅の売買では住宅ローンを認めてはいません。そのため、一括で支払うことのできるだけの金銭的余裕がある者でなければならないのです。

　仮に親戚などに金銭的な余裕があったとしても、わざわざ、そのような大金をはたいて、任意売却に協力してくれるだろうかという疑問が残ります。そのため、任意売却をすることにメリットがあることを、協力してくれそうな親戚などに示す必要があります。たとえば、親戚に2000万円で自宅を購入してもらいます。その上で月々10万円を家賃として支払う旨を約束すれば、親戚には年間120万円の家賃収入が入ることになります。利回りは年6％になります。銀行預金に比べればかなりの高金利だといえます。

　なお、買受人になってくれる親戚などが見つからない場合には、不動産業者が紹介する業者や投資家に自宅を売却し、その者との間で賃

貸借契約を結ぶことで、自宅に住み続けることができる「リースバック」という方法も考えられます。将来的に自宅を買い戻したい場合には、売却時に、買戻しの特約を結んでおくとよいでしょう。ただし、この方法は、住宅ローンの残額が物件価格を超える場合は利用が難しく、また売却価格が市場価格を下回る可能性があり、買戻金額が売却金額より高額になりやすいというデメリットもあります。

　このように、任意売却を使って自宅に住み続けるには、一定の条件をクリアする必要があり、それぞれの方法についてもメリットがある反面デメリットもあることを知っておく必要があるでしょう。

■ 競売を利用して親戚に買受人になってもらう

　愛着のある自宅に住み続けたいと思った場合、任意売却で親戚などに自宅を買ってもらい、その後、その親戚から自宅を借り受けるという方法がありました。一般には、任意売却の方が競売をするより利益が得られるので、債権者も納得する可能性が高いのですが、こちらが提示した売却額では納得しない債権者もいます。そのときは、債権者が競売の申立てをするのを待ち、競売が申し立てられた場合に、親戚

■ 任意売却で住み続ける方法 ·····················

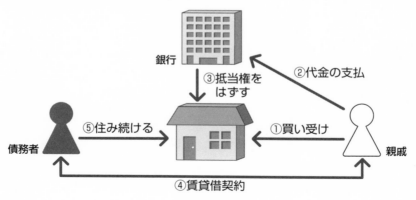

に入札してもらうという方法があります。つまり、親戚に競売で落札してもらうのです。

　ただ、競売の場合、任意売却とは異なり、必ず手に入れられるという保証はありません。競売で他の買受人が親戚よりも高額の買受額を提示すれば、その者に自宅を取られることになります。

　また、他の買受人の提示する買受額よりも高い買受額にしなければならず、自宅の状況（築年数、立地など）によっては、任意売却よりも高額の買受金が必要となる場合もあります。

　一方、自宅の状況がよくなければ、任意売却よりも低い値で買い受けることができる可能性もあります。ただ、必ず買い受ける必要があるので、落札するために必要以上の買受額を提示しなければならないという心理的なプレッシャーがあります。

　こうしたハードルを超え、無事に親戚に落札してもらった後は任意売却の場合と同じように、親戚と賃貸借契約を結んで、自宅を借り受けることになります。

　なお、競売や任意売却によっても、住宅ローンなどの債務が残る場合は、その残債務について債務整理を検討する必要があります。

■ 競売で住み続ける方法 ···

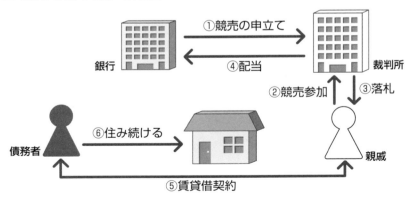

第 2 章

空き家の売却や
相続放棄をする前に
知っておくべきこと

実家を売却したいと思ったら何をすべきか

親の希望を事前に確認しておき必要な準備を進めておくとよい

不安を感じたときはまず親との話し合いをする

　実家をうまく活用できず、空き家になっている状態が恒常化してしまう原因のひとつに、意外にも「親とのコミュニケーション不足」の問題が挙げられます。親元を離れて生活し、遠隔地に居住していればなおさらですが、「実家が空き家になる日なんて、まだ先だから」などと考え、事前に親との間で、空き家になった後の実家の処遇について話し合いが済んでいる家庭は多くはないようです。

　主に、実家が空き家になった場合の活用方法としての選択肢は、売却または他人に貸すなどが一般的です。たとえば、親が認知症になったり死亡するなど、話し合うことができなくなる前に、機会を設けて方針を決定しておくとよいでしょう。

　大事なことは、親が住まなくなった後の空き家をどうするかに関して、関係する家族全員が話し合いに参加することです。たとえば、親が亡くなった場合、親の財産について相続が発生するわけですが、相続人だけで見ても、配偶者や子ども（自分やその兄弟姉妹）の他、時として孫にまで範囲が広くなる可能性があります。後々のトラブルを回避するために、全員で基本方針を確認しておくことが重要です。

　もっとも、親自身の希望は何よりも尊重されなければなりません。実家は財産ですから、親との関係を悪化させずに、前向きな意見の交換を行うためにも、日頃からしっかりとしたコミュニケーションをとっておくことが大切です。特に、実家の処遇を決める話し合いの場ではたっぷりと時間を設けるようにして、親が実家に抱いている愛着心などを傷つけないように慎重に話を進めることを心がけるようにし

ましょう。

■ 親が認知症などで判断能力が低下する前にしておくこと

　仮に親との事前の話し合いの中で、「実家が空き家になった場合には第三者に売却する」ということが決定していたとしても、急に親が認知症を発症するなどして、判断能力が低下した状態で施設などに入居する際には、別の問題も発生します。

　というのも、実家の名義が親の名義になっていた場合、そのままでは実家が空き家になったからといって、子どもが勝手に売却することは困難だからです。親の家や土地は、親が生存している限り親の所有物ですので、親族であっても勝手に売ることはできず、子どもが売却するには、原則として、親から売却権限を与えられた（親の代理人になった）ことについての委任状が必要です。しかし、認知症を発症したりすると、委任に関する意思表示が困難なケースも存在します。

　そのような場合に備えて、家庭裁判所が成年後見人を選任する成年後見制度を利用することも考えられます。しかし、成年後見人は何でも自由に親の財産を処分できるわけではなく、そもそも子どもが成年後見人に選任されるとは限りません。そこで、親が元気なうちに、子

■ 空き家となる実家を売却するために踏まえる手続き …………

① 事前に親との話し合いにより意向を確認しておく
▼
② 認知症の発症などに備えて実家の名義を親から子どもに変更しておく
▼
③ 境界標や境界確定図を土地家屋調査士に作成依頼する（特に戸建ての場合）
▼
④ 用途変更手続きの必要の有無・改修工事の要否を確認・実施する

どもとの間で、親の判断能力が衰えてきた場合、親に代わって財産を管理したり、必要な契約締結を行ったりする権限を与えるという任意後見契約を公正証書で交わしておけば、任意後見の開始後、家庭裁判所の許可なしで居住用不動産を売却することができます。

あるいは、実家が空き家になった場合に売却することについて、事前に親との間で話し合いが成立しているのであれば、実家の登記名義を親から子どもに移しておくと、急に認知症を発症するなどしても、事前の意思に沿った実家の売却を速やかに行うことができます。

■ 戸建ての場合にしておくべきこと

空き家である実家が戸建ての場合、土地の境界や面積に関するトラブルが増えています。たとえば、実家から離れて生活している期間が長期化していたために、実家の近隣の様子をよく知らないと、隣地や道路との境界線が曖昧になっていることが少なからずあります。

この場合、たとえば、登記簿上の面積と実際の面積が異なっていることも多く、売却がスムーズに進まないこともあります。そこで、土地家屋調査士に依頼して、境界確定図を作成して、境界標を設置するなど、境界に関する書類をそろえておくとよいでしょう。

■ 自宅に住宅としての価値がない場合はどうする

実家が空き家になった場合の活用方法として、住宅として活用するには価値がないが、店舗や旅館などの居宅とは異なる用途としてであれば、売却や賃貸といった活用ができるという場合もあるでしょう。この際に注意しなければならないのが、建築基準法に基づく用途変更手続き（建築確認申請）が必要になる場合があるということです。また、改修工事が必要になることもありますので、用途に応じて別途必要な費用を冷静に見積もることが重要です。

Q 空き家は放置しているだけでも費用がかかると聞きましたが、どのような費用が必要になりますか。また、なぜ空き家を売却しようとすると価値が低く見積もられてしまうのでしょうか。

A 両親の死亡により空き家になった実家を相続した場合、一般に高齢であった両親が自宅として住んでいた建物である点から、十分な管理が行われていない可能性が高いといえます。両親が住んでいた頃から、建物の外部や内装について傷んでいた部分があれば、相続人が空き家となった実家を直ちに活用するという場合であっても、相続人の目的に合わせて空き家を活用できる程度まで補修（修繕）するのに、相応の負担がかかります。

　また、相続人が直ちには空き家を利用せずに、しばらく人が住まない状態のままにしておく場合であっても、相応の費用がかかることに注意しなければなりません。相続人にとって、固定資産税をはじめとする各種の税金などが、「目に見える費用」として必要になることは、相続人にとってわかりやすいと思います。しかし、ここでは「目に見えない費用」に焦点を当てて、どのような費用がかかるのかについて、見ていきたいと思います。

　一般に、「人が住まない家は傷みやすい」という言葉を聞いたことがある人は多いと思います。というのも、人が住まず、管理が行われていない空き家は、空気の入替えが行われず、湿度が高くなります。特に高温多湿な状態が継続すると、建材である木材の腐食を早めることにつながります。また、高温多湿な環境の下では、害虫などが繁殖し、たとえば、深刻なシロアリ被害に発展するおそれがあります。シロアリによって、畳や押し入れが食い荒らされるなど、内装がボロボロになってしまった場合には、シロアリ駆除と被害に遭った部分の補修費用が必要になります。これだけでも、相続人にとっては相当な負

担だといえますが、最も恐ろしいのは、シロアリ被害が建物の基礎部分にまで及んでいる場合です。一般に、シロアリは木材を餌としていますが、実際は雑食性であるため、鉄筋コンクリート造の建物であっても、シロアリ被害を軽視してはいけません。シロアリ被害が建物の基礎部分にまで及んでいる場合には、地震などの災害の際に、建物が傾斜して危険であるため、軽度な補修によって対応することはできず、補修をするのに大きな経済的負担がかかることになります。日常的に住んでいれば、害虫被害などに対しても、比較的軽度な段階で気づくことができるため、簡単な補修で対応することも可能ですが、空き家としての状態が続く場合こそ、定期的に建物の状態を確認して、まめに必要な補修をしておくことが必要です。

　その他にも、上下水道などの設備についても、長期間、空き家として放置していた後、いざ活用する段階になって、使用することができなくなっている場合があります。上下水道の設備などは、不使用の状態が続けば続くほど、使用が困難になっていく傾向があります。排水管の交換などの費用は大きな経済的負担になってしまうため、空き家として放置する期間が長期化することが予測される場合には、これらのさまざまな設備についても、使用可能な状況を維持するための定期的なチェックが欠かせません。

　以上のように、空き家としての状態が長期化すれば、管理するだけでも相応の費用が必要になりますが、空き家を売却する際にも、注意するべき点があります。それは、建物の売却にあたっては建築年数が古いほど、建物としての評価額が低下していくということです。つまり、空き家として長期間放置した後に売却を決心したときには、既に不動産としての価値が皆無になってる場合も考えられます。空き家を売却するか否かの選択は、比較的早期に行い、不動産としての価値の低下を、できるだけ防ぐ必要があります。

Q 空き家バンクとはどんなしくみになっているのでしょうか。
自治体が空き家物件の紹介を行うことはあるのでしょうか。

A 空き家バンクは、一般の人々に対して、地方公共団体（地方公共団体から委託を受けた団体を含む）が空き家物件に関する情報を提供するしくみのことで、ホームページなどを活用して、広く人々に対して、空き家物件の情報を提供しています。地方公共団体は空き家の所有者などから、ホームページや各種の広報誌などを活用して、空き家物件の情報提供を募ります。そして、寄せられた空き家物件に関する情報をホームページなどに掲載することで、一般の人々はどのような空き家物件が利用可能であるのかを知ることができます。通常は、空き家バンク登録に先立って、所有者などの立会いの下で、地方公共団体の職員や宅建業者による現地確認が行われます。

ただし、空き家バンクの利用にあたっては、原則として「空き家バンクは物件に関する取引には関知しない」という点に注意しなければなりません。

なお、2018年度から「全国版空き家・空き地バンク」の本格運用が開始されており、国土交通省から選定された株式会社LIFULL・アットホーム株式会社の２社が運用を担当しています。もっとも、全国版空き家・空き地バンクへの参加を表明している地方公共団体は、2020年11月末日現在で約44%にとどまっています。

●**登録前にどんな準備をすればよいのか**

空き家バンクに空き家として物件を登録する前に、登録者が行っておくべきことがあります。それは、当該物件について、ある程度必要な補修やリフォームなどを済ませておくことです。また、当該物件について、隣地との境界をはじめとする各種の権利関係を整理しておくことも忘れてはなりません。

2 取引価格はどのように決まるのか

用途に応じた査定方法がある

不動産会社は価格をどのように査定するか

　空き家などの不動産を売り出そうというとき、高く売れるにこしたことはありませんが、あまりに高値を付けてしまうと売れ残ってしまうリスクもあります。そこで、不動産会社に査定を依頼し、「現時点で不動産を売り出すといくらで販売できるか」を計算してもらいましょう。国土交通省が公表する「不動産鑑定評価基準」によると、不動産会社が使用する主な査定方法として、①取引事例比較法、②原価法、③収益還元法、④開発法の4つがあります。それぞれ不動産の用途等に応じて使い分けられますが、理論上はどの方法を用いても同じ価格が導き出されます。

① 　取引事例比較法は、周辺の不動産販売の過去事例に基づき駅からの距離や居住環境などの項目に応じた補正を行う方法です。マイホームや店舗・事務所などに適用され、同一需給圏内の地域で対象不動産と類似の取引が行われている場合に有効です。

② 　原価法は、新たに土地を造成または建物を建設する場合に要する費用から不動産の価格を算出する方法です。建物の経過年数に応じて減価修正を行います。主に一戸建ての建物などに適用されます。

③ 　収益還元法は、家賃や駐車場収入などの不動産により得られる収入から費用を差し引いた金額を、一定の利回りで割り引き、現在価値を求める方法です。主に投資用の不動産に適用されます。

④ 　開発法は、販売総額から建物の建設費、土地の造成費、その他開発事業者が負担する費用を差し引いて不動産の価格を求めます。開発事業者の視点で投資の採算性を見極めるために用いられる方法で

す。主にマンションや分譲住宅に適用されます。

　不動産会社がはじき出した査定結果は、報告書として提示されます。そこに不動産所有者の販売希望価格を加味した上で、実際に売り出す価格を決めていくことになります。

土地の価格はどのように決めるのか

　同じ土地でも、想定される売却相手が最終消費者なのか、または産業消費者なのかによって、その価格は異なります。最終消費者は最終的に土地を使用する者、産業消費者は最終消費者に販売する目的で土地を仕入れる者を指します。最終消費者が購入する価格（最終消費者価格）は、産業消費者が仕入れる価格（産業消費者価格）に経費や利益を上乗せしたものであるため、最終消費者価格の方が産業消費者価格よりも高くなります。

建物の価格はどのように決めるのか

　建物の価格は、たとえば「原価法」では、再調達原価（対象不動産を再度建設・造成すると想定した際に必要とされる適正な原価の総額）を求めて、この再調達原価から経過年数に応じた減価部分を差し引くことで求めます（減価修正）。そのため、同じ構造の建物であっても経過年数が小さいほど価格は高くなります。

　仮に、耐用年数が25年、築年数が10年、「総面積×単価」で算出する再調達原価が1,800万円である建物の価格は「1,800万円×〔（25年－10年）÷25年〕＝1,080万円」と求められます。

　分譲マンションの場合は、階数も価格の形成に大きく影響します。基準となる階（基準階）があり、一般的には基準階より高層階に行くほど価格が高く、また低層階に行くほど価格が低くなります。さらに、同じ階の部屋であっても、方位や眺望の良さ、角部屋であるかなどによっても価格が異なります。

3 土地の価格をどのように把握すればよいのか

同じ土地でも目的に応じて価格が異なる

不動産の価格にはどんなものがあるのか

　土地の価格には、主に実勢価格、公示地価、相続税路線価、固定資産税評価額の4種類があります。この4種類の価格それぞれを目的に応じて使い分けているのです。土地の価格情報が必要となる場面として、まず土地の売買取引があります。このとき登場する価格が時価に相当する実勢価格です。実勢価格は不動産会社に査定を依頼することで得られます。また、土地に課税する際には、対象となる土地の価格をベースに税金が算定されます。相続税を算定するための土地の価格を相続税路線価、固定資産税を算定するための土地の価格は固定資産税評価額といいます。一般的に、相続税路線価は実勢価格よりも低く、固定資産税評価額はさらに低くなる傾向にあります。

　土地の価格には、公示地価もあります。公示地価とは、国土交通省が公表している価格であり、土地取引の指標となるものです。

実勢価格

　土地を売ろうとするとき、その土地の売出価格が売買取引の成否に大きく影響します。その土地の価値に見合わない高い価格を付けてしまえば、なかなか買い手がつかないかもしれないからです。実勢価格とは、買い手がつく可能性の高い価格もしくは実際に買い手がついた価格（時価）のことを指すと言われています。ただし、不動産会社が査定した実勢価格に、土地所有者の販売希望価格を加味することで土地の売出価格は決められるため、不動産会社が掲示している中古不動産の価格は、必ずしも実勢価格そのものとは限りません。

不動産鑑定士が実勢価格を査定する際は、その不動産の用途などに応じて、取引事例比較法、原価法、収益還元法、開発法の4つの方法を使い分けて評価します（32ページ）。たとえば、居住用の物件を査定する際には、過去の販売事例に補正を加える取引事例比較法により実勢価格を査定することが多いです。

▌公示地価

　公示地価（公示価格）は、地価公示法に基づき、毎年1月1日を基準とした土地の価格を3月に公示するものです。ここで公示される土地の価格は土地取引の指標となる他、土地の相続税評価および固定資産税評価の基準や、公共事業用地の取得価格算定の規準となる役割も果たしています。

　公示地価は新聞の他、国土交通省のホームページでも確認することができます。国土交通省のホームページで確認する場合は、土地総合情報システムのサイト（https://www.land.mlit.go.jp/webland/）にアクセスし、地価公示のページから土地の価格を閲覧できます。

▌相続税路線価

　相続税路線価は、相続税や贈与税の税額を算定する際に基礎となる価格です。毎年1月1日を基準とした価格を国税庁が公表しています。相続税路線価は冊子を購入して確認できる他、国税庁のホームページでも閲覧することができます。ここで、国税庁のホームページを使った相続税路線価の調べ方を見てみましょう。

　まず、路線価のページ（https://www.rosenka.nta.go.jp/）にアクセスします。対象年度を選択した後、調べたい地域を広域から順々に選択していくと、最後に地図が表示されているページにたどり着きます。地図上の道路に表示された数字を使って、土地の価格を算出します。道路に表示されている数字が、隣接している土地1㎡あたりの価

格（千円単位）です。多くの場合、相続税路線価は公示価格の８割程度ですので、相続税路線価を80％で割り戻す（相続税路線価÷0.8）ことで、おおよその公示価格を知ることができます。

固定資産税評価額

　土地、家屋といった固定資産を所有している者に対し、市町村（東京23区内は東京都）が課す税金が固定資産税です。固定資産税は、課税標準に一定の税率（東京都の場合は1.4％）を乗ずることで計算されます。ここで出てくる課税標準のもとになるのが固定資産税評価額です。固定資産税評価額は、固定資産税の計算の基礎となる他、不動産取得税、登録免許税といった税金の計算にも用いられており、全国地価マップ（https:// www.chikamap.jp/）で調べられます。

　公示地価や相続税路線価とは異なり、固定資産税評価額の評価替えは３年に一度です。直近では令和３年度（2021年度）に評価替えが行われているため、令和４年度（2022年度）、令和５年度（2023年度）の固定資産税は令和３年度の評価額を用いて計算します。固定資産税評価額は公示価格の７割程度の水準になる傾向があります。

■ 土地の価格の種類

	内　容	価格の水準
実勢価格	買い手がつく可能性が高い価格または実際に買い手がついた価格（時価）をいう。	−
公示地価	土地取引の指標となっている。毎年１月１日を基準とした価格が公示される。	実勢価格の９割程度
相続税路線価	相続税や贈与税の算定に用いられる。毎年１月１日を基準とした価格が公表される。	公示価格の８割程度
固定資産税評価額	固定資産税、不動産取得税、登録免許税等の算定に用いられる。評価替えは３年に１度行われる。	公示価格の７割程度

Q 売却・貸出しに向けて現在の価値や相場を把握したいと思っています。どのようにしたらよいのでしょうか。

A 実家等が空き家になったために、売却または賃貸借契約を結んで活用することを望む場合、まずしなければならないことは、空き家になった実家の現在の価値を正確に把握することです。現在の価値を正確に把握しなければ、適正な売却価格や、相場に適した賃料設定ができずに、いつまでも買い手や借り手が見つからないという事態が起こりかねません。

そこで、実家の現在の価値を把握するためのひとつの指針になるのが、国土交通省の不動産取引価格情報を一般公開している土地総合情報システムです。実家がある都道府県、市町村を選択することで、その地域における不動産の実際の売買価格が公開されています。現実に行われた不動産取引価格が公開されているので、実家の地域における土地・建物の相場を知ることができます。実家により近い地域または類似した不動産が取引されていれば、実際に実家を売却等する際の指針にすることができます。

国土交通省のサイト以外でも、より簡単に不動産の価値を把握する方法があります。それが民間の住宅不動産サイトです。民間の住宅不動産サイトは、複数の不動産業者（宅建業者）と連携していることが一般的ですので、不動産の査定価格を知ることができると同時に、実際に売却や賃貸を進めて行く上で不動産業者に仲介を依頼することができ、その後の不動産活用の手続きがスムーズになります。

また、空き家の活用方法として、賃貸借契約を希望している場合と売買契約の締結を希望している場合とに場合分けが行われており、売りに出す物件については、さらにその物件が、戸建てなのかマンションなのか、新築なのか中古なのか、という類型別に、調べたい地域における物件の取引価格が掲載されていますので、利用者にとっては非

常に利便性が高いといえます。

　そして、民間の不動産サイトでは、実家のある都道府県や市町村ばかりではなく、たとえば駅をはじめ公共の交通機関からの距離、不動産の広さ、建築年数などさまざまな条件を検索条件に含めることができ、実家と条件が類似した物件の取引価格情報を調べることができます。そのため、実家の売却価格や賃料を決める上で、精度の高い有力な参考資料にすることができます。

　なお、実家の価値を考慮する上で、注意しなければならない点は、その地域の人口の推移にも目を配らなければならないということです。なぜなら、実家を売却または賃貸に出すとしても、即座に契約を結ぶことができるわけではないからです。すぐに買い手や借り手が見つかればよいのですが、買い手や借り手選びが難航した場合には、当初設定した売却価格や賃料設定が、その時点では適切でないことも考えられます。そこで、その地域の人口の推移に留意すると、たとえば徐々に人口が減少しているのであれば、その地域では不動産に対する需要は低いと推測を立てることができます。その場合は、あらかじめ、少々売却価格や賃料を低く設定しておくことで、早期に買い手や借り手を見つけることにつなげることが可能になります。

●現在の相場がどのくらいなのかが大切

　実家の価値を考える上で、実家を購入した時点での価格は、参考程度にとどめるのであればよいのですが、その価格に固執することは望ましくありません。極端なことを言えば、新築した家にまったく住む機会がなく、その家を売りたいと考えた場合であっても、一度も住んでいないからといって、いつまでも新築として売ることはできず、不動産価格は下がります。そのため、築年数などを考慮して、冷静に現在の不動産価値を把握する必要があります。

Q 空き家を売却する場合、空き家の立地によって売れやすさなどに違いはあるのでしょうか。また、適正な売却価格はどのように決めたらよいのでしょうか。

A 両親が死亡したために空き家になった実家を売却しようとする場合、その実家が所在する場所によっては、買い手がつくか否かを大きく左右することがあります。

　まず、人口減少を迎えた我が国で、特に過疎化が進んでいるような地方都市では、都市機能が十分ではないことも少なくなく、そのような場所にある空き家を購入したい、という買い手は非常に少ないのが現状です。しかし、最近では地方都市であっても、主要な都市機能を比較的狭い地域に集中させ、その周辺に住宅地域を配置することで、そこに住む人々の利便性を重視する工夫を凝らしている場所もあります。このような場所であれば、地方都市であっても、空き家の買い手がスムーズに見つかる可能性が高まります。

　反対に、都市部においても、立地に関係なく空き家の買い手が見つかるかといえば、そうとは限りません。都市部で住居を購入しようと考える人は、勤務先や学校などへの交通の便を重視します。そのため、空き家が都市部にあっても、最寄りの駅まで遠いなど、特に鉄道へのアクセスが困難な地域では買い手が見つかりにくい、ということは容易に想像がつきます。それと関連して、空き家が所在する場所の周辺に、日常生活に必要な施設などがそろっていることも、重要な要素になります。たとえば、役所、病院、銀行、スーパーマーケットの他、買い手が子どものいる世帯である場合は、小・中学校などの教育機関が周辺にあることが、特に重要な要素になります。

　さらに、最近では自然災害が増加しているため、たとえば、耐震の面から地盤の弱い地域でないことや、周辺に氾濫の多い河川や土砂崩れの多い崖などがないことも、空き家の売却をスムーズに行うために

確認しておくべき事項だといえます。

　次に、空き家を売却する上で、その空き家をいくらで売却するのが適正であるのか、という点が問題になります。

　この点については、空き家が所在する場所が都市部にあるために、それなりの需要が期待できるとしても、周辺で売りに出されている空き家がどのくらいあるのかを把握する必要があります。

　たとえば、周辺で売りに出されている空き家が多い場合には、いわば競合するライバルが多数いることになります。このとき、建物としての条件がほぼ同等である場合は、最寄り駅が近いなど、交通アクセスの面で利便性が高い物件ほど高い価格で売却可能だといえます。一方、建物としての条件だけでなく、立地条件もほぼ同等であれば、建物の築年数などによって売却価格の調整が必要です。当然ながら、築年数が新しい物件ほど高い価格で売却することができます。そして、あまりにも空き家の築年数が古くて買い手が期待できない場合には、空き家を解体した上で、更地として売却するか、あるいは立地条件が理想的であれば建物を新築する方が、結果として早期の売却につながることもあるため、そのようなことを行うか否かの検討が必要です。

　なお、空き家の規模も価格に影響を与えますが、空き家は広い物件ほど高い価格で売れるとは限らない点に注意が必要です。核家族化が進む我が国では、あまりにも広すぎる空き家は、高い価格で売却することが難しいといえます。

　以上の観点から、適正な売却価格を設定して、空き家の売却を試みるわけですが、その際は、不動産業者（宅建業者）に空き家がある周辺の不動産の具体的な取引状況を照会するとよいでしょう。ほぼ同等の条件の空き家にどの程度の価格が付けられているのか、どのような形態で売却するとニーズがあるのかなどを含めて、空き家の不動産としての価値を査定してもらうことで、スムーズな売却につながるでしょう。

4 売却には名義変更が必要になる

登記事項証明書は自分で簡単に取得できる

実家がどうなっているのか登記事項証明書で確認する

　両親から実家を取得した場合、自分は実家に住まず、他人に賃貸または売却するなどによって、実家を空き家にせず活用することが考えられます。このとき、実家を活用する際は、両親から自分への登記の名義変更が必要ですが、前提として実家の情報を収集することが重要です。不動産登記には、土地や建物の所在・面積などの他、所有者の住所・氏名など、その不動産に関する客観的な情報が公の帳簿（登記簿）として記載されています。

　登記記録の内容について、大まかに述べると、登記記録は、「表題部」と「権利部」の2つから構成されています。権利部はさらに「甲区」「乙区」の2つに分けられますので、表題部、権利部の甲区、権利部の乙区の3つから構成されているということもできるでしょう。

　表題部は、その不動産に関する物理的・外形的な状況が記録されるところです。それに対して、権利部の甲区は不動産の所有権に関する記録がなされるところです。さらに、権利部の乙区は抵当権や賃借権など不動産の所有権以外の権利関係の記録がなされるところです。実家の登記記録は甲区だけでなく、乙区もしっかり確認することが必要です。乙区に抵当権や賃借権などの登記がなされている場合には、実家の売却が難しくなるからです。ただ、建物が新築されたばかりのときなどは、表題部しかないこともあります。登記記録によって権利関係を把握することができる他、不動産登記は一般公開されるので、これによって不動産取引の安全と円滑を図ることができます。

　不動産登記の記載事項は、登記所（法務局）から「登記事項証明

書」（登記簿謄本・抄本）の交付を受けて確認することができます。登記事項証明書は、①登記所（最寄りの登記所でも可）の窓口に申請書を提出する、②登記所に申請書を郵送する、③オンラインにより交付請求をする、という方法で取得できます。

　③は「登記・供託オンライン申請システム」（https://www.touki-kyoutaku-online.moj.go.jp）にアクセスして申請します。③は手数料が安く（１通当たり100円程度安くなります）、ネットバンキングで手数料を納付できる（収入印紙の購入が不要）という利点があります。

　一方、①②の方法による場合は、申請者の住所・氏名、建物の所在地・家屋番号（土地の場合は所在・地番）を記入し、規定の手数料（１通当たり600円）の収入印紙を貼付して提出します。家屋番号や地番は固定資産税の納税通知書に記載されていますが、通知書がないときは登記所に問い合わせれば教えてもらえます。

　なお、登記のルールを大雑把に言うと「早い者勝ち」です。所有権であれば、先に登記をした人が不動産の所有権を取得します。抵当権であれば、先に登記をした人（先順位抵当権者）が、後から登記をした人（後順位抵当権者）に優先します。つまり、権利部の登記は各登記がどういう順番でされたかが重要な意味を持ちます。

▌名義変更をする前にしておくこと

　実家を売却する場合、実家の登記名義人が自分に変更されていないと、本当に実家を所有しているのか疑わしいと判断され、売却が困難になります。実家を取得した際は、必ず登記の名義変更を行いましょう。特に相続による遺言または遺産分割によって実家を取得した場合に登記の名義変更を放置すると、相続人の数が増えたり、他の相続人が第三者へ売却したりして、名義変更が困難になる場合がありますので、速やかに名義変更を行うようにします。

　登記の名義変更を行う際には、必要な資料を集めておくことも必要

です。たとえば、空き家が建っている土地と隣地との境界が不明確であるときは、過去に土地の測量図や境界確認書を作成していれば、これらの資料を用意しておくとよいでしょう。まだ作成していない場合には、隣地所有者との間で、これらの書類を作成しておくと、後に境界をめぐるトラブルなどを回避することができます。

　また、空き家の相続にあたり、建物が建っている土地について分筆を行う場合には分筆登記の手続きが必要ですが、その際にも測量図や境界確認書が必要書類になります。他にも、名義変更を行おうとする空き家が過去に増改築を行っている場合などもあり、面積や間取りなどを正確に把握する上では、建築確認済証や検査証を確認することが必要です。ただし、特に建築年数が古い空き家には、建築確認済証などが存在しない場合もあります。その場合、構造を把握するために必要な建築設計図書などがあれば、それを確かめる必要があります。

名義変更をするための登記申請手続き

　実家の登記の名義変更は、実家の所有権を親から自分に変更することを意味するので、実家の所在地を管轄する法務局に「所有権移転登記」を申請します。

　実家の登記の名義変更が必要になる場合には、いくつかのケースが考えられます。同じ所有権移転登記の申請であっても、登記原因の記

■ 登記記録の構成 ・・

登記記録
- 表題部 ← 不動産の所在地や面積などの物理的な情報
- 権利部
  - 甲区 ← 所有権に関する情報
  - 乙区 ← 所有権以外の権利に関する情報

載が必要になり、登記を変更する根拠となる事実（相続など）または法律行為（契約など）に合わせて、適切な登記手続きを行わなければなりません。登記原因に応じて、申請をする際に必要になる添付書類などが異なることにも注意が必要です。

　まず、親が健在の時に実家の名義を親から子に移す場合には、贈与を原因とする所有権移転登記の手続きが行われる場合が多いでしょう。親が健在の時から、既に実家の所有権が親から子へと移転しているため、親が亡くなった後であっても、速やかに空き家の活用に向けて行動を開始できます。

　これに対して、親の死亡後に空き家の登記名義を親から子へと移す場合には、相続を原因とする所有権移転登記の手続きを行う必要があります。この場合は、登記手続きの際に、相続人を確定するために相続関係説明図の提出や、どの相続人が実家を承継するのかを示すために遺言書や遺産分割協議書の提出が必要になります。

　親が死亡した時点で、空き家の登記名義人が親になっている場合には、比較的スムーズに進みます。しかし、空き家が親より先代から使用されていた建物であり、いまだに親への名義変更も済んでいなかった場合には、複雑な手続きが必要になります。

　というのも、空き家の名義人を相続人に移すためには、先代の相続における親以外の相続人（親の兄弟姉妹など）の有無を調べた上で、

■ **登記手続きの流れ** ……………………………………………………

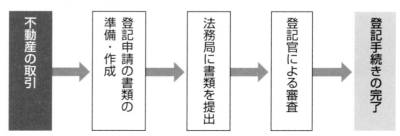

不動産の取引 → 登記申請の書類の準備・作成 → 法務局に書類を提出 → 登記官による審査 → 登記手続きの完了

該当する先代の相続における相続人全員の承諾を得なければならないからです。たとえば、親の兄弟姉妹のうち、親の相続時点で既に亡くなっている人がいた場合は、その子どもが親の兄弟姉妹の相続人になっていることが考えられます。このように、先代の相続における相続人を探し出す作業自体に相当の時間がかかります。

そして、必要な先代の相続に関係する相続人全員に、遺産分割協議書に署名押印を求める書類を交付し、その書面を提出してもらい、これを登記申請の際に法務局（登記所）に持参することで、はじめて登記の名義変更の手続きをとることが可能になります。

このように、贈与に比べて、相続を原因とする場合は、登記手続きの際に添付書類として提出しなければならない書類が煩雑になりますので、登記手続きの際は入念な準備が必要になることに留意が必要です。なお、親族間では必ずしも多くないと思われますが、売買に基づく所有権移転登記手続というものもあります（主に第三者への不動産の譲渡のときに使われます）。

登記申請は、自分の最寄りの登記所では申請できない点にも注意が必要です。申請書及び添付書類は実家の所在地を管轄する法務局に直接提出する他、その法務局に郵送することや、オンライン申請も可能です。登記申請の際に手数料として納める「登録免許税」は、法務局指定の金融機関に納付し、その領収書を申請書に添付するのが原則です。なお、登記事項証明書の取得とは違い、所有権移転登記の申請は添付書類が膨大になるなど専門知識が要求されるため、登記の専門家である司法書士に依頼するのが確実です。

自分で申請する際は、申請前に法務局に相談（事前予約が必要）しましょう。無事に所有権移転登記が完了すると「登記識別情報」（12桁の英数字）が通知されます。これが登記名義人であることの証明となるため、他人に知られたり、紛失したりしないようにしましょう。

■ 登記事項申請書（建物）サンプル

表　題　部（建物の表示）	調製	余 白	不動産番号	0000000000000

所在図番号	余 白		
所　　　在	○○市○○町　○○番地○	余 白	
家 屋 番 号	○○番○	余 白	

① 種　　類	② 構　　造	③ 床 面 積 ㎡		原因及びその日付（登記の日付）
居　　　宅	木造瓦葺 2階建	1 階　○○ 2 階　○○	○○ ○○	平成○○年○月○日新築

権　利　部（甲 区）（所有権に関する事項）			
順位番号	登 記 の 目 的	受付年月日・受付番号	権 利 者 そ の 他 の 事 項
1	所有権保存	平成○○年○月○日 第○○○○号	所有者　○○市○○町○番○号 　　　　○○○○
2	所有権移転	令和○年○月○日 第○○○○号	原因　　令和○年○月○日相続 所有者　○○市○○町○番○号 　　　　○○○○

権　利　部（乙 区）（所有権以外の権利に関する事項）			
順位番号	登 記 の 目 的	受付年月日・受付番号	権 利 者 そ の 他 の 事 項
1	抵当権設定	令和○年○月○日 第○○○号	原因　令和○年○月○日 金銭消費貸借同日設定 債権額　金○○○万円 利息　　年○% 損害金　年○% 債務者　○○区○○町○丁目○番○号 　　　　○○○○ 抵当権者　○○区○○町○丁目○番○号 　　　　株式会社○○銀行（○○支店）

共　同　担　保　目　録				
記号及び番号	㋐第○○○○号		調製	令和○年○○月○○日
番　号	担保の目的である権利の表示	順位番号	予　　備	
1	○○区○○町○丁目　○○番の土地	1	余 白	
2	○○区○○町○丁目　○○番地　家屋番号 ○○○番の建物	1	余 白	

これは登記記録に記録されている事項の全部を証明した書面である。

令和○年○○月○○日
関東法務局特別出張版　　　　　　　　登記官　　　　　　　○　○　○　○

※　下線のあるものは抹消事項であることを示す。　　　　整理番号　○○○○__（1／1）　　（1／1）

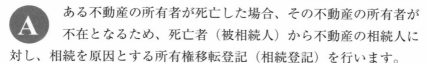

Q 相続登記はどのような場合に必要になるのでしょうか。手続きの仕方や必要書類を教えてください。

A ある不動産の所有者が死亡した場合、その不動産の所有者が不在となるため、死亡者（被相続人）から不動産の相続人に対し、相続を原因とする所有権移転登記（相続登記）を行います。

遺言がなく相続人が複数いる場合、原則として、各不動産を法定相続分に応じて相続人が共有する状態になるので、共有状態での相続登記を行うことになります。しかし、法定相続分で登記するよりも、遺言や遺産分割に基づき、特定の相続人が単独で特定の不動産の所有権を取得するか、法定相続分とは異なる割合で特定の不動産を相続することの方が多いでしょう。遺産分割協議の成立後に相続登記を申請する場合、まず法定相続分に従って相続登記を行い、その後、相続人間の遺産分割協議の結果に沿った登記をするのが本来の順序です。しかし、これは二度手間ですから、遺産分割協議の結果に従い、相続を原因とする所有権移転登記を直接申請する方法が認められており、通常はこの方法がとられます。

●相続登記に必要な書類

相続登記の際に必要になる、主要な書類は以下のとおりです。

① 登記申請書

相続登記は、基本的に登記申請書の提出により手続きを行うことになります。登記申請書には、「相続」という登記原因、相続発生の年月日、相続人の住所・氏名といった登記事項などを記載します。

② 登記原因証明情報

相続を登記原因とする所有権移転登記を申請するには、登記原因証明情報として、被相続人の出生から死亡までの連続した戸籍（除籍、改製原戸籍）謄本と、相続人の戸籍謄本の他、遺産分割協議書や遺言書などが必要です。自筆証書遺言を添付する場合には、原則として、

家庭裁判所が発行する検認済証明書の提出が必要です。しかし、2020年7月から法務局で自筆証書遺言保管制度が開始されており、法務局で保管された自筆証書遺言（法務局から遺言書情報証明書の交付を受けて内容を確認することができる）は、検認手続きが不要です。

③　住所証明書

　相続人の実在性を証明するために、市区町村の発行した住民票（印鑑証明書でもかまいません）の写しを登記申請書に添付します。

④　代理権限証書

　相続人に代わって司法書士などの代理人が登記申請を行う場合には、代理権を証する書面として委任状を添付します。

●法定相続情報証明制度とは

　相続登記の申請をするには、大量の書類を準備しなければなりません。また、不動産以外に預貯金などの遺産がある場合には、登記申請で使用したのと同様の書類を異なった機関との間で行き来させなければなりません。その煩わしさのために、相続登記の申請が行われずに、放置されたままの不動産が増加していました。

　そこで、法定相続情報証明制度という制度が用意され、相続人（または相続人の委任による一定の資格をもつ代理人）は、登記所（法務局）に法定相続情報一覧図を提出し、認証文が付けられた法定相続情報一覧図の写しの交付を受けることができます。あらかじめ法定相続情報一覧図の認証を受けていれば、原則として法定相続一覧図の写し1枚を提出することで、さまざまな手続きを行うことが可能です。

　法定相続情報証明制度の利用を希望する相続人は、登記所に対して、相続人の出生から死亡までの戸籍関係の書類と戸籍謄本などに基づいて作成した法定相続情報一覧図を提出します。その後、登記官が確認を経て、相続人は認証文付きの法定相続情報一覧図の写しの交付を受けることができます。

Q 相続登記を行うことは相続人の義務なのでしょうか。現在検討されている、所有者不明の土地に関する相続登記の義務化について教えてください。

A 土地・建物の所有者である被相続人が亡くなると、被相続人から相続人へ所有者の名義を変える必要があります（相続登記）。

しかし、相続登記をせずに被相続人名義のまま放置されているケースが多いことが社会問題となっています。現行法上、相続登記には「いつまでにしなければならない」という期限は設けられていませんが、適切に相続登記が行われなければ、その土地の活用を望む国・自治体・企業などの大きな負担になります。なぜなら、土地の活用を希望する場合、登記記録を基にして権利者と交渉などをすることになりますが、長年相続登記が放置された状態ですと、登記簿上の記載から土地の相続人を探すことは困難だといえるためです。その他、名義変更の登記がされずに放置されている土地は、災害復興目的の公共事業に支障をきたすおそれもありますし、倒壊の危険のある空き家を抱えている可能性もあります。そこで、所有者不明の土地に関する問題の解決策として、相続登記の義務化が長年検討されてきました。

令和3年2月10日法制審議会は「民法・不動産登記法（所有者不明土地関係）の改正等に関する要綱案」を決定・答申し、同年3月5日に閣議決定されました。改正案では、相続開始後3年以内の相続登記が義務化され、期限内に相続登記を怠った場合には10万円以下の過料が科されます。遺贈（遺言）により財産を取得した者も同様に3年以内の登記義務化および10万円以下の過料が科されます。また、相続人申告登記制度（仮称）も創設される予定です。相続人申告登記制度とは、遺産分割等が速やかにまとまらない場合に、法務局に対して「相続が開始した旨」及び「自己が相続人である旨」を戸籍等の提供とともに申告すれば、相続登記をする義務を履行したとみなす制度です。

この制度が利用された場合、申出をした相続人の氏名、住所等が登記簿に記録され、相続人不明となる状況を防ぐことにつながります。なお、相続人申告登記制度を利用した場合でも、後に遺産分割によって不動産を取得した者は3年以内に登記義務が課されます。

　また、登記義務化と併せて登記手続きの簡略化も予定され、遺贈により所有権を取得した者は単独で登記申請をできるようになります。また、法定相続分による相続登記後の遺産分割による名義変更登記も、不動産取得者が単独で申請できるようになります。

　ただ、相続登記が義務化されれば、管理できない土地や登記手続きに要するコストを下回る価値の低い土地などを、一方的に相続させることになり、相続人に大きな負担を強いる危険性もあります。そのため、相続登記の義務化だけでなく、所有権放棄についても長年議論がされてきました。そこで、改正案には所有権放棄に関する内容も盛り込まれまれ、建物が存在しない土地、担保権・使用収益権が付いていない土地、土壌汚染等がない土地等の一定の要件を満たした土地は、10年分の管理費相当額を納付することで不要な土地を国庫に帰属させることができるようになります。なお、相続登記義務化の他にも、住所変更・氏名変更登記の義務化も盛り込まれており、改正案は国会で成立後、2023年度に施行される予定です。

■ 相続登記義務化（不動産登記法改正）の内容 ┈┈┈┈┈┈┈

相続開始

自己のために相続の開始があったことを知り、かつ、当該所有権を取得したことを知った日から3年以内

相続登記 ── 義務！

※正当な理由もなく登記申請を怠ったときは、10万円以下の過料に処せられる

5 相続分は遺言で変えられる

誰がどれだけ相続するかは遺言で指定できる

相続とは何か

相続とは、被相続人の死亡により、その遺産が相続人に移転することです。つまり、「死亡した人の遺産を相続人がもらうこと」です。

被相続人とは、相続される人（死亡した人）のことで、相続人とは、遺産を受ける人のことです。もっとも、この場合の「遺産」とは、土地や株式など金銭的評価ができるものの他にも、被相続人に借金などが残されているときは、これも遺産に含まれるため、相続人に受け継がれることになります。

相続については「相続人が誰か」をすぐに確定することができない場合があります。一般に、配偶者と子が相続人である場合が最も多く、このときは一見単純なようにも思えますが、相続放棄がからむと権利関係が複雑になることがあります。また、被相続人に子がなく直系尊属（父母・祖父母など）が全員他界している場合には、配偶者と兄弟姉妹が相続人となりますが、兄弟姉妹が被相続人よりも先に死亡していると、おい・めい（兄弟姉妹の子）が代わりに相続人となることから（代襲相続）、相続人の確定に、時間・労力・費用がかかります。

相続分は民法という法律で決まっていますが（法定相続分）、遺言で変えることができます（指定相続分）。その場合は、特に遺留分の関係で相続分について争いが生じることがあります。さらに、相続人には寄与分の制度がある他、2018年に成立した相続法改正では、特別の寄与をした親族による特別寄与料の請求を認めた（57ページ）ことから、これらも考慮して相続分を確定することが必要です。

そして、被相続人の遺産（相続財産）は、相続分に応じて分割でき

るものを除いて、相続人全員による共有となります。その後は、遺産分割と税金（相続税など）が問題になります。相続人や相続分、遺産分割の方法などについて親族間で紛争が生じれば、家庭裁判所の調停など、裁判所での手続きによって解決することが必要です。

▌相続人の範囲

相続人の範囲は民法で法定されています。つまり、法定された範囲内の人だけが相続人となり、それ以外の人は相続人になることができません。最優先順位で相続人になるべき人を推定相続人といいます。

ただし、法定相続分（55ページ）に従い相続させるのは不合理だと被相続人が考え、誰に何を相続させるかを遺言した場合、法律上は、被相続人の遺言に従い処理するという原則がありますので、遺言書により指定された人が遺産を承継します。また、相続放棄、廃除、相続欠格による相続権の喪失や、代襲相続の問題などがあるため、推定相続人が必ずしも相続人になるとは限りません。

▌血族の相続順位

血族とは、血縁関係のある親族のことで、直系血族（親や子など直線的につながる血族）と傍系血族（兄弟姉妹など共通の始祖から枝分かれしている血族）に分けられます。直系血族はさらに、直系尊属（上方向の直系血族）と直系卑属（下方向の直系血族）に分かれます。

血族の相続順位の第1順位は子です。養子や胎児も含まれます。婚姻関係にない男女間に生まれた非嫡出子は、認知を受けた場合に父親の地位を相続します（母親について認知は不要です）。なお、子の代襲相続人（次ページ）が1人でもいる場合は、その人が第1順位の相続人となり、直系尊属や兄弟姉妹は相続人になりません。

第2順位は直系尊属です。第1順位が誰もいない場合に、直系尊属が相続人となります。なお、直系尊属の中では被相続人から見て親等

の最も近い者が相続します。たとえば、被相続人の親が1人でも生きていれば、その親が相続人となり、祖父母は相続人になりません。

第3順位は兄弟姉妹です。第1順位と第2順位が誰もいない場合に、兄弟姉妹が相続人になります。兄弟姉妹間の優先順位はありませんが、父母の一方だけが同じである兄弟姉妹の相続分は、父母の双方が同じである兄弟姉妹の相続分の2分の1です。なお、兄弟姉妹の子は代襲相続人になりますが、代襲相続はその子でストップしますので、再代襲（孫以降への代襲相続）は生じません。

■ 相続人の範囲 ···

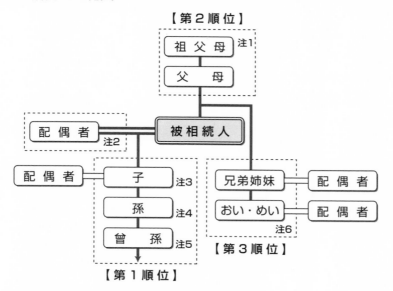

注1 父母が死亡・相続権を失ったとき相続人となる
注2 他の相続人と同順位で常に相続人となる
注3 養子や胎児も含まれる
注4 子が死亡・相続権を失ったとき相続人となる
注5 孫が死亡・相続権を失ったとき相続人となる（曾孫以降も再代襲が生じる）
注6 兄弟姉妹が死亡・相続権を失ったとき相続人となる（おい・めいの子以降の再代襲は生じない）

配偶者の相続権

　被相続人の配偶者は、前述した血族とともに、常に相続人となります。相続権がある配偶者は、婚姻届が出されている正式な配偶者に限定されます。内縁の配偶者は、たとえ長年一緒に生活し、夫婦同然だとしても、相続人となることができません。

代襲相続とは

　代襲相続とは、本来相続人になるはずだった血族が、相続開始以前の死亡・相続欠格・相続廃除によって相続権を失った場合、その子や孫などが代わりに相続人となることです。本来相続するはずだった血族を被代襲者、代襲相続によって相続する人を代襲相続人と呼びます。

　具体的に、被代襲者は被相続人の子か兄弟姉妹で、代襲相続人は被相続人の直系卑属かおい・めいです。したがって、被相続人の配偶者や直系尊属が相続権を失っても代襲相続は生じず、被相続人の養子の連れ子（養子縁組の時点で生まれていた養子の子）は、被相続人の直系卑属でないため代襲相続人になりません。

　また、本来の相続人が子である場合に起こる代襲相続は「孫→曾孫…」と再代襲が無限に続きますが、本来の相続人が兄弟姉妹である場

■ 代襲のしくみ ‥‥‥‥‥‥‥‥‥‥‥‥‥‥‥‥‥‥‥‥‥‥‥‥‥

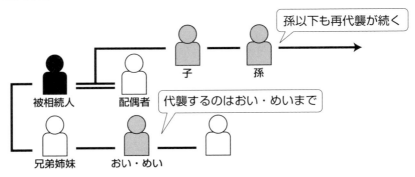

合に起こる代襲相続は、兄弟姉妹の子（被相続人のおい・めい）に限られることから、再代襲は生じません。兄弟姉妹について再代襲を認めると、被相続人から見るとほぼ顔も知らない人にまで財産が与えられてしまうからです。

代襲相続が行われる原因（代襲原因）は、死亡、相続廃除、相続欠格によって、相続人となるはずだった被相続人の子か兄弟姉妹が相続権を失うことです。一方、相続放棄の場合は、初めから相続人でなかったことになるので、代襲相続は生じません。

▌指定相続分と法定相続分

相続人が2人以上いる場合、相続人が受け継ぐ相続財産（遺産）の割合を相続分といいます。相続分については、原則として、被相続人の遺言で定められた割合（指定相続分）が優先し、遺言がなければ民法という法律で定められた割合（法定相続分）に従います。

① 指定相続分

被相続人が、相続人ごとの相続分を自由に決めて（遺留分を侵害しないことは必要です）、遺言で指定した相続の割合のことです。具体的な割合を示さずに、特定の人を遺言で指名して、その人に相続分の決定を一任することもできます。

② 法定相続分

民法が定めている相続人の取り分のことです。実際に誰が相続人になるかによって、以下のように法定相続分が変化します。

・**配偶者と直系卑属（第1順位）が相続人となる場合**
　配偶者の相続分が2分の1、直系卑属の相続分は2分の1

・**配偶者と直系尊属（第2順位）が相続人となる場合**
　配偶者の相続分が3分の2、直系尊属の相続分は3分の1

・**配偶者と兄弟姉妹（第3順位）が相続人となる場合**
　配偶者の相続分が4分の3、兄弟姉妹の相続分は4分の1

Q 特別受益を受けると相続分はどう変わるのでしょうか。

 相続人の一部が被相続人から特別にもらった財産のことを特別受益といい、特別受益を得た相続人を特別受益者といいます。相続開始時の財産の価額（遺贈の価額を含む）に特別受益にあたる生前贈与の価額を加えた（これを特別受益の持戻しといいます）ものが全相続財産（みなし相続財産）となります。その上で、相続人間の公平性を図るため、全相続財産を基準として具体的相続分を計算します。特別受益を受けた相続人の具体的相続分を計算する際は、特別受益を前渡し分として差し引きます。ただし、被相続人が遺言で、特別受益を相続開始時の財産に持ち戻さないことや、前渡し分として差し引かないと決めていた場合は、その遺言に従います。

特別受益に該当するものとして、①相続人が婚姻または養子縁組のために受けた贈与、②相続人が生計資金（住宅の購入や特別な学費など）として受けた贈与、③相続人が受けた遺贈があります。

たとえば、被相続人が、自分の死後、残された配偶者が安心して暮らせるように、居住用不動産を贈与・遺贈するケースがあります。被相続人から相続人である配偶者が贈与・遺贈を受けた居住用不動産は特別受益に該当するため、上記の計算方法によって、それぞれの相続人の具体的相続分を計算することになります。

ただし、2018年に成立した相続法改正で、生存配偶者の生活保障を図る趣旨から、婚姻期間が20年以上の夫婦間でなされた贈与・遺贈のうち居住用不動産（建物やその敷地）の贈与・遺贈については「持戻し免除の意思表示」があったと推定することになりました。この推定が及ぶ限り、居住用不動産の価額（特別受益）を相続開始時の財産に持ち戻したり、前渡し分として差し引いたりする必要がなくなります。

Q 寄与分を受けると相続分はどう変わるのでしょうか。特別寄与料についても教えてください。

A 相続人には相続分の他に寄与分という取り分があり、相続分に加えられることがあります。寄与分とは、被相続人を献身的に介護したり、被相続人の家業に従事したりするなどして、被相続人の財産の維持または増加に「特別の寄与」（通常期待される程度を超えるような貢献）をした相続人（寄与者）に対して、本来の相続分とは別に、寄与分を相続財産の中から取得できるようにする制度です。寄与分をいくらにするかは、相続人間の協議によって決めることができますが、協議がまとまらないときは、寄与者の請求に基づいて家庭裁判所が定めます。

　しかし、寄与分が認められるのは相続人に限定されます。そのため、たとえ相続人の妻が被相続人を献身的に介護しても、その貢献は寄与分として認められる余地がありません。こうした不公平な取扱いを是正するため、2018年の相続法改正では、相続人でない被相続人の親族が、無償で被相続人の療養看護などの労務の提供を行い、被相続人の財産の維持または増加に特別の寄与をした場合、そのような親族を特別寄与者として扱い、相続人に対して、相当額の金銭（特別寄与料）の支払いを請求できるとする規定が置かれました。

　特別寄与料の請求ができる「相続人でない被相続人の親族」は、被相続人の親族（6親等内の血族、配偶者、3親等内の姻族のいずれか）のうち、相続人、相続放棄をした者、相続欠格に該当する者、廃除された者を除いた者となります。特別寄与料をいくらにするかは、相続人と特別寄与者との協議によって決めることができますが、協議がまとまらないときは、特別寄与者の請求に基づいて家庭裁判所が定めます（相続開始や相続人を知った時から6か月などの期間制限に注意）。

相続の承認について知っておこう

相続財産にはマイナスもある

　相続財産（遺産）には、積極財産（プラスの財産）と消極財産（マイナスの財産）があります。たとえば、住宅ローンで家を買った場合は、家が積極財産、住宅ローンの残高が消極財産です。「家は相続するが、住宅ローンはいやだ」などというわがままは許されません。

　相続人は、プラスの財産だけでなく、マイナスの財産も相続の対象になる（包括承継）ということを十分理解して、被相続人の相続財産を相続するのか、それとも放棄するのかを決める必要があります。

相続するかどうかの選択

　借金などの債務も消極財産として相続財産に含まれますから、被相続人の死亡によって、相続人は積極財産だけでなく、消極財産である債務も承継します（包括承継）。しかし、多額の借金を背負って、遺族は一生借金地獄の苦しみに耐えなければならないのでしょうか。いかに被相続人のしたこととはいえ、いささか酷な話です。

　そこで、民法は相続財産を受け入れるか否かを、相続人の自由な選択に任せることにしています。債務も含めた相続財産をすべて受け入れることを相続の承認といいます。一方、債務はもちろん積極財産の受入れもすべて拒否することを相続放棄といいます。

相続の承認の種類

　相続の承認には２つの方法があります。１つは、相続財産を債務を含めて無条件かつ無制限にすべて相続することを認める場合で、これ

を単純承認といいます。一般に「相続する」というのは、単純承認のことを指します。

　単純承認した場合には、被相続人の権利義務をすべて引き継ぐのが原則です（包括承継）。たとえマイナスの財産（義務）であっても、相続分の割合に応じて責任を負います。具体的には、相続人には相続債務（被相続人が負担していた債務）の弁済義務が生じます。なお、以下の３つのいずれかの場合には、単純承認をしたとみなされます。

① 　相続人が相続開始を知った時から３か月以内に限定承認または相続放棄をしなかった場合

② 　相続人が相続財産の全部または一部を処分した場合（短期賃貸借と保存行為は除く）

③ 　相続人が消極財産を相続しないために相続放棄や限定承認をした後であっても、相続財産の全部あるいは一部を隠匿したり消費した場合、または悪意で財産目録中に相続財産を記載しないなどの不正行為をした場合

条件つきで相続するのが限定承認

　相続によって得た積極財産の範囲内で、被相続人の消極財産を負担するという条件つきの相続を限定承認といいます。限定承認は、負債額が不明な場合などに申し立てると、予想以上の借金などの債務を相続するリスクを回避できます。

　限定承認が認められると、相続人は、相続財産だけでは相続債務の弁済について不足分があっても、自分の財産から弁済する義務はありません。ただし、限定承認の場合も、債務はいったん全部引き継ぎます。債務自体を引き継がない相続放棄とは違い、債務の弁済義務や強制執行（裁判所が権利者の権利内容を強制的に実現する手続き）が相続財産の範囲に限定される、というのが限定承認の特徴です。

　また、債務超過であるとしても、相続財産の中にどうしても手放し

たくない自宅などの財産がある場合は、限定承認を選択することが考えられます。限定承認においては、相続人が優先的に相続財産を買い取る権利（先買権）が認められており、家庭裁判所が選任した鑑定人の鑑定価格以上を支払えば、競売に参加することなく、優先的に自宅など特定の財産の所有権を取得できるというわけです。

　限定承認については、相続人全員が一致して行わなければならないことに注意が必要です。１人でも「単純承認だ」という相続人がいる場合は、他の相続人も限定承認ができません。一方、相続人の中に相続放棄をした人がいる場合は、その人を除く全員が合意すれば限定承認ができます。限定承認をするときは、相続開始を知った日から３か月以内に、家庭裁判所に対し「相続限定承認申述書」を提出します。財産目録に記載漏れなどがあった場合には、単純承認したものとみなされる場合があるので気をつけましょう。限定承認が認められると、家庭裁判所によって相続財産管理人が選ばれ、清算手続きをすべて行います。相続財産管理人には、相続人のうちの１人が選任されます。

■ 限定承認の手続き ···

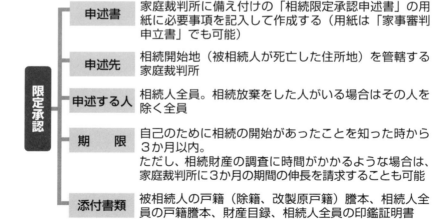

限定承認	申述書	家庭裁判所に備え付けの「相続限定承認申述書」の用紙に必要事項を記入して作成する（用紙は「家事審判申立書」でも可能）
	申述先	相続開始地（被相続人が死亡した住所地）を管轄する家庭裁判所
	申述する人	相続人全員。相続放棄をした人がいる場合はその人を除く全員
	期　限	自己のために相続の開始があったことを知った時から３か月以内。 ただし、相続財産の調査に時間がかかるような場合は、家庭裁判所に３か月の期間の伸長を請求することも可能
	添付書類	被相続人の戸籍（除籍、改製原戸籍）謄本、相続人全員の戸籍謄本、財産目録、相続人全員の印鑑証明書

Q 親に借金があるので相続放棄をしたいのですが、先に不動産を売却してもよいのでしょうか。また、不動産に住み続けることも可能でしょうか。

A 　相続放棄とは、相続人としての地位から離脱することで、被相続人（亡くなった人）に属する一切の権利義務の承継を拒絶する意思表示をいいます。相続放棄に関しては、被相続人の財産の一部でも処分すると、相続を承認したとみなされ、相続放棄ができなくなる点に注意が必要です。したがって、不動産を売却すると相続を承認したとみなされ、その後に相続放棄をすることは許されません。相続財産の処分には、不動産の売却だけでなく、家屋の取り壊しや、預金の解約なども含まれます。相続放棄を検討している場合は、被相続人の財産に手を付ける前に、専門家へ相談するようにしましょう。

　では、相続放棄の後、被相続人名義の不動産に住み続けることはできるのでしょうか。相続放棄は被相続人の借金などの負債だけでなく不動産などのプラスの財産もすべて承継を拒絶することを意味します。相続人全員が相続放棄をすれば、不動産に抵当権などの担保権が設定されていれば競売されたり、相続財産管理人において任意売却の手続きが進められたりします。そのため、新たに買受人が出現すれば、その者が不動産の所有者となり、明け渡さなければなりません。相続放棄をしても買受人となることはできますが、確実に買い戻せる保証はありません。

　そこで、被相続人に借金がある場合で、被相続人の不動産に住み続けたいのであれば、相続放棄ではなく限定承認をすることが考えられます。限定承認をすると、相続財産の範囲で被相続人の債務を弁済すれば足り、また、家庭裁判所が選任した鑑定人による評価額を支払うことで、被相続人名義の不動産を取得することもできます。この方法で不動産を取得すれば、住み続けることが可能になります。

7 相続放棄について知っておこう

相続放棄をした人の子や孫は代襲相続できなくなる

■ 相続開始を知ってから3か月以内

　相続するかしないか、つまり相続を承認するか放棄するかは、相続人の自由です。相続放棄をする場合には、被相続人のすべての財産（プラス分とマイナス分）を放棄します。相続放棄をした場合、相続放棄をした人は、最初から相続人ではなかったとみなされます。

　相続放棄するかどうかは、被相続人の死亡の時から3か月以内ではなく、相続の開始を知ってから（自分が相続人になったことを知ってから）3か月以内に決めなければなりません。相続放棄をする場合、相続人が家庭裁判所に相続放棄申述書を提出することが必要です。

　相続人が未成年者や成年被後見人などの制限行為能力者（単独で法律行為を行う能力が制限されている人）の場合には、その法定代理人が制限行為能力者のために、相続の開始があったことを知った時から3か月以内に、相続放棄をするかどうか決める必要があります。

　相続放棄した人（放棄者）は、最初から相続人でなかったとみなされるので、その子や孫が代襲相続することはできません。放棄者は、相続放棄によって新たに相続人となる者が遺産の管理を始めるまでは、所持している遺産を管理する必要があります。また、相続放棄があった場合は、放棄者以外の同順位の血族相続人が相続人となり、同順位が誰もいなければ、次順位の血族相続人が相続人となります。

■ 遺族年金や退職金は個々の判断

　相続放棄と遺族年金・退職金請求権の関係は、それがどのような財産であるかによって違います。弔慰金や遺族年金が、遺族固有の権利

であれば、相続放棄に関係なく自分の権利として請求できます。しかし、故人である被相続人に支払われるべき相続財産（遺産）にあたるものについては、相続を放棄すれば請求できなくなります。

事故に対する損害賠償請求権は相続財産になる

死亡者本人の物的損害に対する賠償金や、精神的損害（苦痛など）に対する慰謝料といった損害賠償請求権は相続財産になります。たとえば、被相続人が事故死した場合、本人が取得した加害者に対する損害賠償請求権は相続財産となり、相続人に受け継がれますが、相続放棄をした相続人はこれを相続できません。

ただし、加害者に対し遺族として苦痛を受けたことの慰謝料を請求するのであれば、これは遺族自身に生じた固有の損害であって、相続財産ではありませんので、相続放棄とは関係なく請求できます。

生命保険金の請求権

被相続人が生命保険金の受取人になっている場合、その保険契約上の権利は被相続人に属する相続財産ですから、放棄者（相続放棄をした相続人）は、これを相続することができません。

■ 相続人である子が相続放棄をした場合の相続分の例 …………

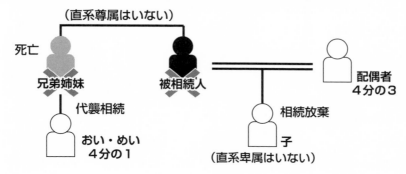

一方、被相続人が死亡した場合の保険金受取人として指定されている者が、当初から放棄者であった場合、生命保険金は相続財産に含まれませんので、放棄者は保険金を請求できます。特定の個人を保険金受取人として定めていた場合、その特定の個人を保険金受取人とする趣旨の記載であることから、たとえ相続放棄によって相続人の資格を失っても、保険金請求権の保険金受取人としての資格は失われないとする判例があるからです。ただし、放棄者が生命保険金を受け取った場合は、相続税を支払う義務が生じます。

■ 相続分皆無証明書（特別受益証明書）と相続放棄

　相続放棄はしないが、自分の相続分を他の相続人に譲るための方法があります。それが「相続分皆無証明書」を作成する方法です。

　相続分皆無証明書（相続分がないことの証明書）とは、自分には特別受益（56ページ）があるから相続分がないので、他の相続人だけに相続を認めるという趣旨の証明書のことです。相続分皆無証明書を添付することで、他の相続人だけで不動産の相続登記を申請できるというメリットがあります。なお、相続登記申請をするには印鑑証明書の添付も必要ですが、相続分皆無証明書の作成当時の印鑑証明書でよいとされており、３か月以内などの期間制限はありません。

　もっとも、自分だけが先順位者で配偶者もいない場合は、自分だけが相続人ということになるので、相続分皆無証明書を作成して後順位者に相続財産を譲ることはできません。この場合、後順位者に相続財産を譲りたいのであれば、相続放棄をすることが必要です。

　また、相続分皆無証明書は、特別受益があるといった事情により「自分には相続分がない」ことを証明するに過ぎず、借金などのマイナスの財産も含めて相続を否定する相続放棄とは意味が異なります。相続分皆無証明書を作成しても、借金などは法定相続分に応じて弁済義務を負担することに注意しなければなりません。借金などの負担を

免れたいのであれば、相続放棄をすることが必要です。

相続分皆無証明書の偽造

相続分皆無証明書は紙と実印があれば比較的簡単に作成できることから、無断で相続分皆無証明書が作成されたり（相続分皆無証明書の偽造）、他の不動産の相続登記のために作成した相続分皆無証明書が流用されることがあります。相続分皆無証明書を作成する際は、相続を否定する対象不動産を明記することが大切です。

登記申請を受け付ける法務局は、偽造や流用であっても書類の記載や押印（本人の実印が押してあればよい）に不備がなければ、書類に記載された名義人が自分の相続分を否定したとみなしますから、名義人を除く他の相続人の名義で相続登記が行われてしまいます。もっとも、偽造した書類を添付した不正の登記は、無効であることはいうまでもなく、刑法上の有印私文書偽造および同行使罪が成立します。

この場合、偽造された側の相続人（名義人）が、身内として刑事事件にはしたくないとすれば、民事事件として自分を含めた相続登記をさせるための手続き（所有権移転登記、真正な登記名義の回復、抹消登記の手続きなど）を求めます。遺産分割協議が終わっていなければ、是正を求めることもできますし、相続回復請求権（自分の相続分を回復するための権利）の対象になることもあります。

■ 相続放棄の手続き

被相続人の死亡 → 相続の開始を知る → 家庭裁判所に申述 → 相続放棄

3か月以内

家庭裁判所の手続きが必須の相続手続きもある

相続放棄・限定承認は必ず家庭裁判所で手続きをしなければならない

相続放棄・限定承認

　被相続人の財産について一切の承継を拒否する相続放棄と、プラスの財産の範囲内でマイナス財産を引き継ぐ限定承認は、いずれも相続の開始を知った日から3か月以内（これを熟慮期間といいます）に、家庭裁判所に申立てを行わなければ、マイナス財産を含むすべての財産を相続したものとみなされます（これを単純承認といいます）。

　なお、財産が多岐にわたる、あるいは遠方に複数の不動産があるなど、財産の調査に時間を要し、熟慮期間内に相続放棄などの申立てができないときは、家庭裁判所へ「相続の承認又は放棄の期間の伸長」の申立てを行えば、熟慮期間を伸長してもらえる可能性があります。

相続放棄に必要な書類

　相続放棄は、被相続人の最後の住所地を管轄する家庭裁判所に対し、主に下記の書類をそろえて申立てを行います。申立ての際は、1人につき800円分の収入印紙の他、各裁判所で指定されている連絡用郵便切手を手続き費用として提出する必要があります。

① 　相続放棄申述書（次ページ）
② 　被相続人の住民票除票又は戸籍附票
③ 　相続放棄をする人の戸籍謄本
④ 　被相続人の死亡の記載のある戸籍謄本（被相続人の親などの直系尊属、兄弟姉妹が相続放棄をする場合は、被相続人の出生から死亡までの戸籍（改製原戸籍、除籍）謄本が必要です）

受付印		相　続　放　棄　申　述　書	
		（この欄に収入印紙８００円分をはる。）	
収入印紙　　　円			
予納郵便切手　　　円		（はった印紙に押印しないでください。）	

準口頭		関連事件番号　令和　　　年（家　　）第　　　　　　　号

東　京　家庭裁判所　御中　令和　○　年　6　月　1　日	申　述　人（未成年者などの場合は法定代理人）の署名押印	山　口　浩　二　㊞

添付書類	申述人・法定代理人等の戸籍謄本　2　通　　被相続人の戸籍謄本　1　通

	本　籍	東　京　㊞都道府県　渋谷区大山町○丁目○番地
申述人	住　所	〒151－0000　　　　　　　　電話03（○○○○）○○○○ 東京都渋谷区大山町○丁目○番○号　（　　　　　　　方）
	フリガナ 氏　名	ヤマ グチ コウ ジ 山　口　浩　二　　大正・㊞昭和・平成44年 1 月16日生　職業　会社員
	被相続人との関係	※ 被相続人の…　①　子　2　孫　3　配偶者　4　直系尊属（父母・祖父母） 5　兄弟姉妹　6　おいめい　7　その他（　　　　　）
法定代理人	※ 1　親権者 2　後見人 3	住　所　〒　－　　　　　　電話（　　　） 　　　　　　　　　　　　　　　　　　（　　　　　　方）
		フリガナ 氏　名　　　　　　　　　フリガナ 氏　名
被相続人	本　籍	東　京　㊞都道府県　渋谷区大山町○丁目○番地
	最後の住所	申述人の住所と同じ　　　死亡当時の職業　無　職
	フリガナ 氏　名	ヤマ グチ ヒサシ 山　口　久　　　令和○○年 4 月15日死亡

（注）太枠の中だけ記入してください。※の部分は、当てはまる番号を○で囲み、被相続人との関係欄の7、法定代理人等欄の3を選んだ場合には、具体的に記入してください。

申　立　て　の　趣　旨
相　続　の　放　棄　を　す　る　。

申　立　て　の　理　由		
※ 相続の開始を知った日………令和○○年 4 月15日		
① 被相続人死亡の当日		3 先順位者の相続放棄を知った日
2 死亡の通知をうけた日		4 その他（　　　）

放　棄　の　理　由	相　続　財　産　の　概　略			
※ 1 被相続人から生前に贈与を受けている。	資	農地……約　　　　　平方メートル	預　金 預貯金 ………約 200 万円	
2 生活が安定している。		山林……約　　　　　平方メートル	有価証券……約 300 万円	
3 遺産が少ない。	産	宅地……約　　　　　平方メートル		
4 遺産を分散させたくない。				
⑤ 債務超過のため。		建物……約　　　　　平方メートル		
6 その他（　　　　　）	負　債………………約 2,000 万円			

(注) 太枠の中だけ記入してください。※の部分は、当てはまる番号を○で囲み、申述の実情欄の4、放棄の理由欄の6を選んだ場合には、（　　　）内に具体的に記入してください。

68

第 3 章

任意売却のしくみ

任意売却について知っておこう

任意売却は競売よりも高額かつ迅速に売却できる可能性が高い

なぜ任意売却が利用されるのか

　土地や建物などの不動産を担保に銀行から一度まとまったお金を借りる場合、通常、その金額に応じた抵当権（130ページ）を設定します。一方、必要な資金を設定した額（極度額）の範囲内で繰り返し借りたい、という場合には根抵当権（132ページ）を設定します。

　こうして土地や建物を担保にお金を借りた人が、その返済を続けられなくなった場合、お金を貸した銀行などの債権者は、担保にとった土地や建物を処分して債権を回収することになります。担保にとった土地や建物の処分というと、競売（19ページ）が思い浮かぶかもしれません。しかし、競売は後述するように手続きに時間がかかる上に回収額が低くなることが多いため、実際には、不動産を競売の手続きによらずして処分することが多いようです。

　競売の手続きによらずして不動産を処分することができれば、面倒な手続きを経ることなく不動産の売却によって得た代金を債権の回収にあてることができます。このような方法の一つが任意売却であり、債権者にとっては非常に便利な方法であるため、実務上、任意売却はよく利用されています。

　たとえば、債務者が債権者のために、1500万円の建物に抵当権を設定して、1000万円を借り受けたとします。このときに、債務者が借金を返すことができなくなって、債権者が競売の申立てをしても、1500万円の建物は、競売市場では３割以上減少した1000万円弱の価額でしか売り出されません。しかも、売れるかどうかわからない上に、手続きも煩雑で時間がかかるとなると、債権者としては、すぐにでも売り飛ばして

換金したいと思うはずです。買受人にしても、面倒で時間がかかる競売の手続きを省略して、建物を手に入れることができれば願ったりです。

　そこで、買受人が債権者や債務者と直接交渉して、競売の対象となる前に不動産の売買契約を成立させて買い受けてしまおうというのが任意売却です。前述した例でいえば、買受人が1000万円程度を支払えば、お互いに損はないだろうといえます。

まずは任意売却を検討するのが通常

　競売によって債権の回収を図ろうとする場合、法律に従った手続きを経なければなりません。競売の申立てを行ってから落札するまでに要する期間も長く、最低でも６か月程度、長い場合には２、３年経過してしまうこともあります。

　また、競売の申立てを行う時に、登録免許税（登記をする際に納める税金）や予納金（競売を申し立てる時に債権者が裁判所に納める費用）などを準備しなければなりません。

　このように手間や時間、費用がかかるだけでなく、競売における不動産の売却基準価額も市場の評価額から比べると６、７割程度と低くなってしまうのが通常です。売却基準価額はその不動産につけられた評価をもとに定められた価格のことですが、実際にはこれを下回る額で売却される場合もあります。

　一方、任意売却には、競売のように複雑な手続きはありません。利害関係人同士の調整をスムーズに行うことができれば、手早く売却を行うことも可能です。売却基準価額が定められているわけでもありませんから、その不動産をほしいと思う買受人が現れれば、適切な金額で売却される可能性も高くなります。

　こうした事情から、なるべく多くの債権を短期間で回収したい債権者としては、競売ではなく任意売却によって債権を回収できないかについて検討することになります。

抵当不動産の任意売却のしくみ

　抵当権が設定された不動産を抵当不動産といいます。抵当不動産を任意売却する場合、実際には、その抵当不動産の所有者（主に債務者）が買受人との間で売買契約を結びます。

　この場合、買受人は、購入する抵当不動産に設定されている抵当権の解除を求めるのが通常です。そこで、銀行などの抵当権者は、その抵当不動産の売却によって得られた代金から抵当債権（抵当権が担保している債権のこと）を回収するのと引き換えに、抵当権を解除することを約束し、抵当権の抹消登記に協力することになります。手続きについては、抵当権者と買受人の目的を確実に達成するために、売却代金の支払いと抵当権の抹消登記の申請を同時に行います。

どんな場合に任意売却が行われるのか

　任意売却が行われる理由として、競売によって低い額で落札されるのを避けるためである場合や、不動産が競売にかけられる事実を公にされたくない所有者の意向による場合などがあります。

　競売にかけられた不動産が低額でしか落札されなかった場合、債権者にとってみれば、債権を回収できない可能性が高まります。一方、自宅や工場などに抵当権を設定している所有者（主に債務者）にとってみれば、大事な不動産を時価よりも低い価格で手放さなければならないだけでなく、手放した後も債務の一部が残ってしまう可能性も高くなります。また、競売がなされれば、チラシやインターネットなどに競売物件として掲載される可能性があり、近隣住民に住宅ローンなどの借金が返済できない状況を知られ、大きなストレスを抱えることになりかねません。しかし、任意売却は、通常の売却と異なりませんので、近隣住民に知られる可能性はほぼないといえるでしょう。

　このように、債権者・債務者双方が自分にとってメリットのある方法を考えた場合に、多くは競売よりも任意売却を選ぶことになります。

▌利害関係人との事前調整が大切になる

　任意売却は、競売に比べて素早く、時価に近い価額で売却できるというメリットがあります。ただし、任意売却を行うには不動産の所有者（主に債務者）の売却意思だけでなく、抵当権者など対象不動産に担保権を有する債権者や、対象不動産の賃借人など、利害関係人の全員から同意を得る必要があります（77ページ）。

　そのため、任意売却を行う場合には、対象不動産の状況と、対象不動産に関わっている人々の状況を事前に調査する必要があります。そして、そこから把握した情報をもとに、利害関係人が納得できる方法をとりながら、手続きを進めていくことができれば、任意売却を成功させることができる確率は高くなります。

■ 競売のデメリットに対する任意売却のメリット ………………

競売費用の負担
- 登録免許税（申立時）
- 予納金
- 切手代
- 印紙代

任意売却
裁判所を介さないので、これらの費用の負担は生じないが、抵当権抹消料や仲介手数料などは債権者が負担する（債務者の負担は原則なし）。

時間と労力の負担
- 申立てから半年近くかかる
- 物件の調査

任意売却
関係者（担保権者や賃借人など）との利害調整と買受人探しに時間がかかることもある（関係者しだいで短縮可）

価額に対する不満
- 買受人が現れないときは3回まで申し立てられる
- 回数が増えるごとに値が下がる（7割減）

任意売却
7割減になることは少ない

2 任意売却の手続きについて知っておこう

事前準備を念入りに行い取引当日は手際よく手続きを行えるようにする

利害関係人の合意が必要

　任意売却は、強制的に行われる競売とは異なって、所有者が売却の意思をもっていることが前提になります。任意売却の対象となる不動産には複数の抵当権が設定されていたり、他の権利が関係している場合があります。また、不動産の所有者とは別に賃借人などの占有者がいる場合もあります。あるいは、対象となる不動産が債務者個人の名義ではなく、他の所有者との共有名義になっている場合もあります。

　任意売却を行う場合には、対象不動産を中心として利害関係を有する多数の人が存在しているケースがほとんどです。このような対象不動産の売却によって影響を受ける人を利害関係人といいます。

　任意売却を成功に導くには、すべての利害関係人の合意を得る必要があります。合意を得ると一言で言っても、ただ任意売却を行うことについてだけ合意を得られればよい、というものではありません。

　まず、利害関係人が債権者の場合、いくらで売却するのか、売却代金からいくら配分されるのか、いつまでに配分された金額がもらえるのか、といった自身の債権回収に関連する内容について検討の上、合意することになります。

　次に、不動産の占有者の場合には、そのまま占有を続けてよいのか、それとも立ち退かなければならないのか、立ち退いた場合には、立退料をもらえるのか、立退料をもらえるとすれば、いくらもらえるのか、そしていつまでに立ち退かなければならないのか、といった条件について合意できるかどうかを判断することになります。

　最後に、共有不動産の場合は、共有者全員の同意を得る必要があり

ます。たとえば、対象不動産が夫婦共有名義で、その後離婚が成立した場合において、共有者である元配偶者と連絡が取れない、あるいは売却に応じないといったケースを散見します。このような状況では任意売却の手続きを進めることができないため、離婚前に不動産の処分についても十分に話し合いをしておく必要があります。

▌どんな手続きをするのか

　任意売却を行う場合のスケジュールは、大きく分けて、①利害関係人の事前の合意に向けた準備に関する手続き、②買受人を探し出して取引を行うまでの手続き、③取引当日の手続き、に分けて考えると理解しやすいでしょう。

①　利害関係人の事前の合意に向けた準備に関する手続き

　①の段取りが必要になるのは、任意売却を行うためにはすべての利害関係人の同意が必要だからです。そして、この同意を得るためには、さまざまな条件をリストアップした上で、一人ひとり、個別に確認をとっていかなければなりません。

　事前準備をきちんと終えておけば、手続きの半分以上は終えたと言っても過言ではないでしょう。事前準備の段階では、債権者・債務者・所有者・賃借人といった利害関係人の実態調査と、抵当不動産の

■ 任意売却手続きの流れ ……………………………………………

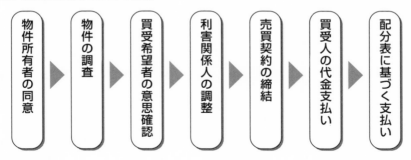

物件所有者の同意 ▶ 物件の調査 ▶ 買受希望者の意思確認 ▶ 利害関係人の調整 ▶ 売買契約の締結 ▶ 買受人の代金支払い ▶ 配分表に基づく支払い

現況調査を行います。これによって抵当不動産を取り巻く環境を把握します。

　次に、抵当不動産の調査時点での資産価値について査定を行い、売却による回収見込額を見積もります。以上の資料をもとにして、いよいよ各利害関係人の意向を確認して、売却の手続きが完了するまでの期間、予定している売却価格、売却により回収した金額の配分方法について同意をとりつけます。すべての利害関係人の同意を得られたら、②の段階に進みます。

② 　買受人を探し出して取引を行うまでの手続き

　まずは、①で合意に至った条件で買い受けてくれる買受希望者を探します。買受人が見つからない場合や条件面で折り合いがつかない場合には、売却価格の見直しを行います。売却価格を見直すと決めた場合には、それに応じて配分の調整を行い、利害関係人にその事実を伝えて同意を得るようにします。

　買受人が決まり、売却に関する条件が整ったら、最終的な合意をまとめた上で、取引の日時・場所や、取引当日の段取りを決め、③の取引当日の手続きに臨みます。

③ 　取引当日の手続き

　買受人の意思確認、利害関係人の調整が終わったら、買受人との間で売買契約書にサインします。取引当日の手続きは、対象不動産の売却、抵当権解除（対象不動産に設定されている抵当権を抹消すること）、抹消登記手続きと売却代金の受取・配分、を同時に行います。

　これらの手続き自体は１日で終わらせることになりますが、行わなければならない手続きが多いので、利害関係人が多い場合には、事前に必要書類を確実にそろえておく必要があります。取引当日は手際よく進めるためにも、司法書士に立ち会ってもらうとよいでしょう。

　契約書に署名押印をし、契約書に基づいて買受人が債権者に代金を支払い、続いて利害関係人に配分表に基づいて支払いを行います。

3

任意売却をするためにはどんな要件が必要なのか

所有者が売却する意思を有し利害関係人が同意していることが前提

所有者の売却意思と利害関係人の同意が必要

　任意売却は、抵当権が設定されている不動産（抵当不動産）を処分する権限を持つ人の売却意思がなければ実現ができません。抵当不動産の処分権限を持っているのは、通常は抵当不動産の所有者ですが、所有者が破産手続きを進めている状況の場合には、破産管財人が処分権限を持っています。したがって、破産管財人が選任されているケースでは、その破産管財人の協力を得る必要があります。

　また、抵当不動産の処分権限を持つ人の売却意思や協力を得ることができたとしても、そもそも買受希望者がいなければ、任意売却を行うことができません。したがって、不動産の買受希望者がいること、もしくは買受希望者を探し出せる見込みがあることも、任意売却を行う前提条件だといえるでしょう。

　さらに、任意売却を行った場合に影響を受ける利害関係人の協力を得ることも必要です。利害関係人とは、任意売却を行う抵当不動産について権利を有している人です。たとえば、その抵当不動産に質権や他の抵当権が設定されている場合には質権者や他の抵当権者、不動産に仮差押がなされている場合には仮差押を行った人、抵当不動産が賃貸に出されている場合には借り受けている人（賃借人）が利害関係人に該当します。その他、任意売却後に債務が残る場合には、その支払義務が保証人（連帯保証人も含む）にも残ることから、このときは保証人も利害関係人に該当します。

　売却価格も重要です。予定している売却価格が妥当な金額な場合には、利害関係人の同意や協力を得やすくなります。

協力が得られない場合や同意が得られない、買受人がいない場合

　任意売却をスムーズに行うためには、利害関係人の協力や同意が必要になります。また、そもそも買受人がいなければ、売却自体が成立しません。そのため、任意売却に同意しない人がいる場合には、その人が同意しない理由を探って、可能な限りの対応をする必要があります。

　たとえば、抵当建物の任意売却を検討している場合で、その抵当建物に賃借人が適法に居住しており、その賃借人が引越しを渋って同意をしないようなときには、立退料の支払いを提示することで任意売却への同意を促す、といった方法をとることになります。

　また、買受希望者が既に見つかり、売却価格などの条件について、ある程度見通しが立っている場合には、任意売却を行った方が競売よりも金額面などでメリットがあることを伝えるだけでなく、既に買受人候補がいることも伝えると、利害関係人をより説得しやすくなります。

■ 任意売却の条件 ……………………………………………………

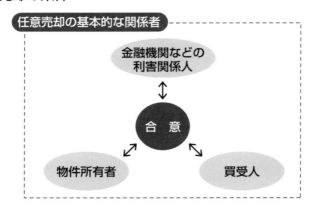

4

任意売却のメリットについて知っておこう

債務者・抵当権者・買受人それぞれにメリットがある

■それぞれの立場から見たメリット

　まず、債務者としては、任意売却による代金の方が競売よりも高額である可能性が高いため、より多くの債務を弁済することができる、というメリットがあります。ただし、その不動産を債務者自身が所有していて実際に住んでいるような場合、生活の場を失う可能性もあるため、債務者にとってむしろ大きいのは、競売と異なり対外的に公にせずに手続きを進めていくことができる点にあるといえるでしょう。

　一方、抵当権者ですが、抵当権者としてはなるべく手間をかけずに多くの債権を回収できることを望んでいるのが通常です。したがって、利害関係人間の調整をスムーズに済ませることができる場合には、競売より早く、高額で売却できる任意売却の方が、抵当権者が得られるメリットはより大きいといえます。

　また、買受人にとっては、競売とは異なり、迅速かつ確実に不動産を買い受けることができる、というメリットがあります。たとえば、対象不動産が建物の場合で、その建物に賃借人がいる場合、競売では建物賃借人に買受人の買受後6か月の明渡猶予期間が認められているため、代金納付後すぐに明渡しを求めることができない可能性があります。これに対し、任意売却が成立する段階では、明渡時期などについて事前に建物賃借人にも同意が得られていることから、代金支払いととともに明渡しがスムーズに行われ、すぐにでも居住することができるというわけです。

どんな効果があるのか

　抵当不動産を競売ではなく任意売却によって処分した場合、一般的に、より市場価格に近い金額で売却されることが多いため、抵当権者が回収できる金額も競売よりも大きくなるのが通常です。

　特に、抵当権者が1人ではなく、複数人いた場合、先順位の抵当権者はともかく、後順位の抵当権者にとっては、回収額に大きな違いが出る可能性があります。たとえば、時価5000万円の不動産について、4000万円の第1抵当権と1000万円の第2抵当権が設定されていたとします。この不動産を5000万円で任意売却することができた場合、第1抵当権者、第2抵当権者ともに債権を全額回収できることになります。

　一方、同じ不動産を競売にかけ、3000万円で落札された場合には、第1抵当権者は3000万円しか回収できず、残りの1000万円は未回収となります。さらに、第2抵当権者に至っては、1円も回収することができない結果となってしまいます。

　このように、抵当権者が複数いる場合には、任意売却によって時価に近い価格で売却することができれば、競売によって時価の6～7割程度で落札された場合に比べると、債権回収という側面から見て、大きな効果があるといえます。

■ 売却価格と債権回収 ･･･････････････････････････････････

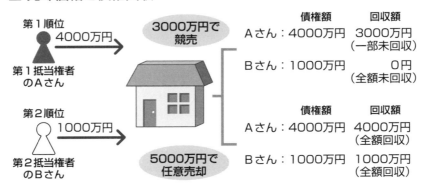

5

任意売却のデメリットについて知っておこう

手続きや利害関係人間の調整についての基準がない

法律の規定がないので問題もある

　任意売却は、手続きに時間がかかる競売と比べると、迅速で高額な債権回収が可能となる点で非常に大きなメリットがあります。しかし、手続きに時間がかかるという競売のデメリットも、裏を返せば手続きについて法律で細かく定められており、基準が明確だというメリットにつながります。その一方、こうした明確な基準がないことが、任意売却のデメリットだといえるでしょう。また、競売の場合には任意売却とは異なって、裁判所が主体となって執行を行うため、確実に実行されるという点で安心ですが、任意売却を成立させるためには、関係者が自発的に動いていくしかありません。そうしたことから、任意売却の場合には、売却代金の配分について関係者の間でもめたり、価格や配分比率を決定するときに不正が行われたりすることがあります。

どのような解決法があるのか

　任意売却については、法律で手続きが定められていないため、強制力がありません。任意売却の手続きについて定めた法律がないということは、たとえば、利害関係人すべての同意や協力を得るための基準などが法律で定められていないことを意味します。債権者などの利害関係人との交渉は、複雑かつ繊細で、忍耐力を要しますから、債務者が一人で行うには心理的に大きな負担となります。そして、交渉が成功する保証がないことから、交渉が難航した場合には、債権回収を急ぐ抵当権者が競売を申し立ててくる可能性が高まります。さらに、任意売却では、主に債務者（任意売却を主導する人）が自ら買受人を探

し出さなければなりません。また、内覧を実質不要とする競売とは異なり、任意売却では買受希望者が内覧を申し出た場合に応じることが重要で、その内覧への立会いが必要になってきます。

このように、裁判所が主体となって手続きが進行していく競売とは異なり、任意売却では利害関係人との交渉や調整、買受人の募集や内覧への立会いなど、主に債務者が主体となって手続きを進めていかなければならない、というのが大きなデメリットとなっています。

そのため、任意売却を得意とする不動産業者に任意売却の手続きを依頼するのも一つの方法です。不動産業者が債務者の代わりに買受希望者を探し出し、利害関係人との交渉や調整の窓口となってくれるので、債務者の負担が軽減されます。不動産業者に依頼した場合は仲介手数料などが発生しますが、これは売却代金から控除できますので、債務者の現実の負担はゼロといってよいでしょう。

もっとも、利害関係人が少なく、抵当権者などの債権者が協力的な場合には、債権者と積極的に連絡を取り合いながら手続きを進めていければ、スムーズに任意売却を成立させることが期待できます。この際、「売却代金をいくらにするか」「配当はそれぞれいくらにするか」について、事前に各債権者の債権額を洗い出した上で、価格の決定・配分方法につき各債権者と十分に話し合いを行い、互いに協力し合える関係を築きあげるようにしましょう。どうしても利害関係人の同意が得られず、抵当権などの担保権が抹消できない場合には、先に売却手続きを進め、その後に買受人により抵当権消滅請求権を行使してもらうことで、担保権を抹消できる場合もあります（105ページ）。

仮に交渉が難航し、競売手続きが申し立てられたとしても、競売における売却基準価額によっては、それまで任意売却に協力的でなかった債権者が、任意売却に応じる姿勢を見せることもあります。交渉が難航しても競売を回避できる手段は残されていますから、あきらめず粘り強く交渉を続けるようにしましょう。

6 任意売却する前につかんで おきたいこと

不動産の現況と利害関係人の状況・意向を確認する

■ 事前に売却までのリミットを決めておくことも大切

　任意売却は、事前の準備と利害関係人間の調整が大きなポイントとなりますが、その調整の場で、いつまでに売却を終える予定なのか、明確にしておいた方がよいでしょう。特に利害関係人が多い場合には、それぞれの事情もありますから、事前に売却期限についても合意しておく必要があります。所有者（債務者）や債権者としては、任意売却の対象不動産をなるべく高く売却したいと思うのが通常です。また、債務者が対象不動産に住んでいる場合には、退去をなるべく後に引き延ばしたいと考えがちです。当初はすぐに売却して引き渡すつもりでも、時の経過とともに状況や心理が変化することはよくあることです。

　ただ、債務の弁済を滞らせると、その分だけ弁済を受けられない債権者の債権額が膨らむことになり、早急に債権を回収しようと、債権者が対象不動産の競売を申し立てることになりかねません。このような事態が生じないためにも、あらかじめ売却期限を定めておくことが大切です。また、万が一、定めておいた期限までに売却ができなかった場合についての対応も、あらかじめ決めておくようにしましょう。

■ 利害関係人の意向も確かめる

　任意売却を成功させるためには、利害関係人に該当する人をすべて洗い出さなければなりません。その際、利害関係人が有する債権がどんなに少額であっても、事前に任意売却を行うことを説明し、同意と協力をとりつける必要があります。利害関係人というと、抵当権者などの債権者や、抵当不動産の賃借人などが思い浮かびますが、税金（国税

や地方税の他、国民年金なども含みます）の徴収について、税務署や地方自治体の動きも押さえておく必要があります。税金を滞納している場合も、滞納者の不動産が差し押さえられることがあるからです。実際に差押えがなされると、差押えを解除してもらわない限り、任意売却を行うことは実質的に不可能になります。また、自己破産をしても税金（租税債権）については免責されません。したがって、税金の滞納による差押えを受けていない場合は、税金の支払いを最優先させるべきです。

税金の滞納により差押えがされている場合

　税金の滞納により、既に対象不動産が差押えを受けている場合、任意売却を行うことはできないのでしょうか。

　税金の滞納により不動産の差押えがなされると、その不動産が最終的には公売により売却され、売却によって得られた代金は滞納分の税金に充当されることになります（この一連の手続きを滞納処分といいます）。公売とは、競売と類似したしくみを持つ制度ですが、競売が債権者の申立てによって裁判所が手続きを行うのに対し、公売は国税局や地方自治体など、差押えをした公的機関が自ら強制的に差押え物件を売却するのが大きな相違点となります。

　公売が行われてしまうと、任意売却を行うことができなくなります。ただし、税金の滞納によって対象不動産が差し押さえられたとしても、税金（租税債権）に優先する抵当権が設定された債権（被担保債権）などがある場合には、差し押さえた対象不動産から税金を回収するのが困難であるという事実を証明することで、差押えの解除を求めることができます。これを「無益な差押え」と呼びます。具体例を挙げて「無益な差押え」を考えてみましょう。

　たとえば、対象不動産の市場価格が1000万円で、住宅ローンを担保するために設定された第1抵当権者の被担保債権（住宅ローン）の残額が1500万円、さらに第2抵当権者の被担保債権の残額が500万円

残っている場合、対象不動産は明らかにオーバーローン物件であり、この状態で税金の滞納による差押えがなされても、税金の滞納分を回収することは不可能です。このように配当を得る見込みのない状態で差押えを行うことを「無益な差押え」といい、無益な差押えの解除は、国税徴収法で定められており、差押えに対して配当できないことを証明できれば認められます。

　なお、租税債権と抵当権者の被担保債権との優劣は、「法定納期限」（租税公課を納付すべき本来の期限のことで、納税通知書に記載されています）と抵当権設定登記の先後で決せられます。たとえば、法定納付期限よりも前に抵当権設定登記がされていれば、抵当権が優先し、逆に抵当権設定登記が法定納付期限の後であれば、租税債権が優先します。

　無益な差押えを解除するためには、差し押さえられた不動産の所有者の名義で、「差押解除申立書」を所轄の国税局など差押えをした役所に提出する必要があります。この申立書には、鑑定評価書（不動産鑑定士によって作成された信頼性の高い文書で、国土交通省が定める不動産鑑定評価基準に基づいて評価対象不動産の適正な価格が記載されます）、登記事項証明書、共同担保目録、債権の残高証明書など、無益な差押えに該当することを客観的に証明できる書類を添付します。そして、このままでは税金を得られない状況であることを説明した上で、任意売却に同意して解除料を得た方がメリットがあることを説明し、同意を促すようにします。特に滞納している税金が市町村（東京23区内は東京都）に納付する固定資産税である場合には、競売されると長い間にわたり固定資産税が納付されないこと、素早く任意売却を成立させれば、新しい買受人によって固定資産税が納付されることを主張するのがよいでしょう。

　なお、無益な差押えであることを主張したのにもかかわらず、役所側が差押えの解除に応じないときは、差押えを行った役所に対し不服申立てを行ったり、あるいは裁判所に対し差押えの取消しを求める訴訟を提起することが可能です。

Q 債権者は任意売却にあたってどんな点を見ているのでしょうか。

A 任意売却への手続きを進めていくにあたって、抵当権者などの債権者が注目している点は、大きく分けて2つあります。一つ目は、債務者がどのような状況にあるのかという点、二つ目は、抵当不動産がどのような状況にあるのかという点です。

まず、一つ目の債務者の状況についてですが、たとえば、債務者が事業を営んでいる個人または会社などの法人で、倒産するには至っていない場合には、債務者の事業の状況について調査が行われます。具体的には、利害関係人の有無やその人数、債務者が負っている債務額やその内訳などがチェックされます。その際、従業員の動向、取引先の状況、金融機関の動きやその思惑なども調査されることになります。一方、債務者が倒産している場合には、債務者自身の資産と負債、倒産の原因、事業を再建する意思があるのかどうかなどが調査の対象になります。

上記の調査で利害関係人がいると判明した場合には、利害関係人の意向（任意売却に協力的かどうか）の確認が行われます。抵当不動産の所有者が債務者ではなく第三者（物上保証人）である場合には、物上保証人の状況や意向も確認されます。

次に、2つ目の抵当不動産の状況についてですが、登記事項証明書などの書類に記載された内容の確認（書類上の調査）が行われるとともに、実際の不動産の現況の確認も行われます。不動産の現況を正確に把握するためには、書類上の調査と現地調査の双方が欠かせないからです。

たとえば、書類上の調査の結果、抵当不動産の所有権が他人に移転していることが判明した場合には、現在の所有者の協力を得られない可能性が出てきますので、債権者としては、競売による債権回収も視野に入れて行動する必要性が生じます。

また、実際に現地に赴いたところ、抵当不動産の経年劣化が想定以

上に進行しており、修繕に多額の費用がかかることが判明したという場合もあります。建物に抵当権を設定した時から長い年月が経過しているケースでは、経年劣化で建物自体の価値が著しく下がっていることが珍しくありませんから、債権者側も特に注視をすべき部分といえます。

　なお、抵当不動産の現地調査により占有者の存在が判明した場合には、債権者は、その占有権原の有無（適法な賃借人なのか不法占有者なのか）や占有者の意向（立退料を支払えば任意売却に応じるかなど）を確認します。また、抵当不動産に債務者が住んでいる場合にはその生活状況、賃貸に出している抵当不動産の場合には大まかな空室率、抵当不動産が事業用の場合には従業員の状況や工場の稼働率など、さまざまな部分について債権者はチェックの対象としています。

　このような調査の結果、最終的に債権者が得たい情報は、「現在売却したらどの程度の価格になるのか」という通常の不動産市場の相場と、「仮に競売にかけた場合にどの程度の価格で落札されるのか」という競売市場の相場です。双方を見積もっておくことで、任意売却の話がまとまりそうにもない場合に競売へと切り替えるタイミングを判断したり、その情報を有効に使って利害関係人への説得を行ったりするわけです。

■ 調査のポイント ……………………………………………………………

債務者の状況の調査	抵当不動産の状況の調査
・債務者の事業の状況の確認 ・債務額の把握 ・社員、取引先、金融機関の動向の確認 ・物上保証人の同意が得られるかどうか	・占有者やその占有権原の有無、占有者の意向の確認 ・経年劣化の程度や修繕の必要性の確認 ・登記事項証明書の記載内容の確認 ・回収見込額の算定

Q 夫婦でペアローンを組んで住宅を購入しましたが、離婚することになった場合、ペアローンで支払う物件はどうしたらよいのでしょうか。

A 通常、夫婦によるペアローンは、夫婦それぞれが借主として1本ずつローンを組み、借入額の割合に応じて、夫婦それぞれが自宅の持分を共有します。離婚によって、たとえば、妻が自宅をでて、夫が住み続けることになった場合は、夫が妻の持分を買い取り、その代金を妻は自分のローンの返済に充てます。売却代金で妻のローンが完済となっても、ペアローンの場合は、通常、お互いが相手のローンの連帯保証人になっているため、夫がローンの支払いを滞れば、連帯保証人である妻に返済義務が生じます。したがって、どちらか一方が自宅に住み続ける場合は、これまで通り双方が協力し合って、ローンの返済を続けていくことが大切です。

また、売却代金だけでは妻名義のローンを完済させることができない場合は、妻の分のローンも含めて新たに借り換えができれば、妻は自身のローンだけでなく、夫名義のローンについても連帯保証人から外れるので、自宅についての支払義務はなくなります。ただし、夫に1人でローンを返済するだけの収入があるかなどの審査が必要となりますので、金融機関に問いあわせてみるようにしましょう。

名義を変えずに共有のまま、離婚後も互いにローンを返済することもできますが、返済中に一方が死亡したり行方がわからなくなったりするとトラブルの原因になりますので、離婚に際しては、自宅の名義をどちらか一方に変更しておくのが無難です。

ローンを滞納すれば金融機関から自宅が差し押さえられ、強制的に競売にかけられる危険性があります。ローンの支払いが難しい場合は、自宅の売却を検討しましょう。競売よりも任意売却の方が売却金額が高くなり、それだけローンの残額を減らすことができるからです。

第 4 章

売却交渉と
売却手続きの流れ

1 任意売却は誰が主導するのか

大口の債権者や所有者などが協力して進めることが多い

誰が主導するかで違ってくる

　任意売却を主導する役割を担う人は、個々のケースにより異なりますが、抵当不動産の所有者（主に債務者）または抵当権者（債権者）のいずれかが主体となるケースが多いようです。あるいは、所有者と抵当権者が協力し合いながら、進めていくケースもあります。

　所有者が主体となって進めるケースでは、不動産の所有者が自分で買受人を見つけて交渉を行い、売却額と各利害関係人への配分を決めた上で、すべての利害関係人に伝えることになります。よい条件で売却する場合やすべての債権者が納得できる程度の額を回収できる見込みがあれば、各利害関係人の協力も得やすいでしょう。一方で、利害関係人が多い場合や権利関係が複雑な場合には、所有者が単独で任意売却の手続きを進めるのは困難です。話がまとまらない場合には、裁判所の調停制度を利用する方法がとられることもあります。

　これに対し、抵当権者が主体となって手続きを進める場合、任意売却を成功させるには所有者の同意が不可欠です。したがって、抵当権者が買受人を見つけ、売却額と配分を決めていく場合であっても、その都度所有者に状況を説明し、協力してもらえるようにしなければなりません。また、他に利害関係人がいる場合には、その同意を得る必要がありますから、他の利害関係人にも随時進捗状況を説明していかなければなりません。抵当権者が所有者から委任状をもらって売買契約を代行する場合には、事前に所有者との間で売却条件について確認して書面に残しておくようにするとよいでしょう。

　任意売却をスムーズに進めるためには、所有者・抵当権者のいずれ

かが単独で進めるよりも両者が協力して進めた方がよいでしょう。特に両者が密に連携して進めていくことで、自己の利益を得ようとしている整理屋や暴力団などの介入を防ぐこともできます。

抵当権者の集会が行われることもある

　利害関係人の数が多く、抵当不動産をめぐる権利関係が複雑なケースにおいては、抵当権者などの利害関係人が参加する集会が開かれることもあります。このようなケースでは抵当不動産の現況を確認し、利害関係人の意向を確認する労力が甚大なものとなるため、所有者や抵当権者が単独で手続きを進めるのが難しいことが多いからです。

　集会においては、抵当不動産を売却する際の占有者（賃借人など）の取扱いや、売却した代金の配分について、各利害関係人が自身の希望に添わせることをねらった言動に終始する可能性が高くなります。このような場をまとめていくためには、債権者に対して立場の弱い債務者ではなく、大口の債権者や金融機関に積極的に関与してもらう必要があります。

■ 売却交渉を進めるときの注意点 ……………………………………

抵当権者

抵当権者の売却交渉
・所有者に状況を説明しつつ、売却交渉を進める
・所有者から売却に関する委任状を受け取る際に、売却条件を確認しておく

**所有者（主に債務者）・抵当権者が協力して
任意売却を進めるのが理想**

所有者

所有者の売却交渉
・債権者などの利害関係人を納得させることができる売却先を探す
・話がまとまらない場合には裁判所の調停などを活用する

2 債務者が債権者との交渉過程で気をつけること

競売を申し立てられる前に交渉を開始するのが基本

債権者に任意売却をしたいと思わせるには

債権者に「任意売却をしたいです」と告げても、債権者が簡単に任意売却に同意することはありません。債権者は、競売よりは任意売却を好みますが、一番に望んでいるのは、担保をとったまま債務者が債務（住宅ローンなど）を支払い続けることです。そのため、担保が消えることになる任意売却に簡単には同意しないでしょう。

そこで、任意売却を希望する債務者としては、約定に違反することになりますが、債権者に「任意売却をした方がよい」と思わせるために、債務の支払いを遅延するのも一つの手段です。

任意売却を切り出すタイミング

自宅を維持したままでは債務の返済が困難になった場合には、銀行や保証会社などの債権者から自宅の競売を申し立てられる前に、債務者から任意売却を切り出した方がよいでしょう。その場合、買受人と買受額も決めておくと、債権者との交渉もスムーズに進みます。

ただ、銀行などの債権者としては、任意売却を切り出したことで、債務者の財産状況が悪化したことを把握し、さまざまな対策を取ってくることが予想されます。そのため、任意売却を提案するときは、十分な準備をしておくべきです。

ローンの支払を停止させることもできる

債務者が任意売却を検討する原因のひとつに「住宅ローンの支払いができない」ことがあります。その場合、任意売却の提示を銀行などの債

権者にした際に、ローンが支払えないことも伝えておくとよいでしょう。ローンを支払えないことと任意売却をしたいことを債権者に伝えておけば、その後、ローンを支払わなかったとしても、債権者から催告状などが送達されない可能性があります。債権者としては、対処方法を考えている段階なので、事実上、ある程度の支払いの猶予がなされるのです。

　しかし、任意売却の成立後は、住宅ローンの残額が確定しますので、その残額を支払う必要があり、支払いが困難な場合は債務整理（場合によっては破産手続き）を検討することになります。

▌競売後に任意売却を提案するのもひとつの手段

　債権者が競売を申し立てた後に、任意売却を提案する方法もあります。不動産の競売の申立てをすると、裁判所は差押えをしてから、その調査を行い、売却基準価額（71ページ）を決定します。この売却基準価額が不動産の落札価額の基準になります。

　債務者としては、売却基準価額が決まった後に、任意売却の交渉を始めることもできます。開札期日の前日までは、競売申立人の意思のみで競売の取下げができます。そのため、競売の開始後であっても任意売却をすることができるのです。

　売却基準価額が決まった後に任意売却の交渉をするのは、売却基準価額が競売によって債権者が回収できる金額の基準になるからです。売却基準価額が決まるまで、債権者は、競売によって回収できる金額がわかりません。そのため、競売が開始される前に任意売却の提案をしても、債務者が提示した任意売却価格よりも競売をした方が高く売却できると思えば、債権者は、任意売却を拒否します。

　売却基準価額が決まり、競売で回収できる見込額がわかれば、債務者としては、売却基準価額よりもある程度高い金額を任意売却価格として提示すれば、債権者が競売を取り下げ、任意売却に応じる可能性が高くなります。

住宅ローンを組んでいる場合の任意売却には注意が必要

任意売却をするべきかどうかを慎重に検討する

不動産の価格を調べる

　住宅ローンを組んで購入した自宅やマンションの任意売却を検討する場合は、自宅の価格が現在いくらなのかを知っておく必要があります。たとえば、5年前に5000万円で購入したマンションが、現在2500万円になっており、ローン残高が4000万円あるとします。つまり、マンションの価格よりもローン残高の方が多いということになります。このようなケースの場合で、ローン返済に行き詰まっているときは、住宅ローンを払い続けるよりも任意売却をした方が得策であることがわかります。

　また、任意売却に向けて行動する前には、必ず債務額の把握もしておきましょう。正確な債務額を知らなければ、今後の方針を決めることができません。債務額によっては、任意売却により自宅を失わなくても住宅ローンを返済することができます。債務額を把握するのは簡単です。返還表などで毎月の支払額、利息額、債務残高がわかります。銀行などに連絡してもよいでしょう。

返済方法を見直してもらう

　住宅ローンの返済が困難になれば、直ちに任意売却というわけではありません。まずは銀行などの債権者と話し合ってみるべきでしょう。自分の収入や財産状況を話し、返済方法を見直してもらうのです。この返済方法の見直しをリスケジュールといい、リスケジュールに応じた債権者が、毎月の支払いを減額することもあります。

　ただ、債務者が返済しなければならない金額は変わらないので、リストラされて無職であるものの、すぐに転職先を見つけることができ

た場合や、その見込みがある場合など、今をしのげれば何とかなるという状況でしたら、リスケジュールをすることに意味があります。しかし、今後の収入などに変化がない見込みであるようでしたら、リスケジュールではなく任意売却をした方がよいかもしれません。

期限の利益を喪失するまで

　住宅ローンの返済が不可能になり、任意売却をすることを決めた場合は、早めに債権者に対して任意売却を行うことを伝えましょう。通常、住宅ローンの支払いの滞納が３か月から６か月程度続くと、銀行などの債権者は「期限の利益の喪失」を通知する書類を送ってきます。期限の利益とは、契約書上で決められた支払日までは、月々の返済額を支払わなくてもよいとする債務者側の利益のことです。ただ、期限の利益は、債権者側にとっては不利益であることから、住宅ローンの契約書には必ず期限の利益の喪失についての特約が設けられています。そのため、債務者が月々の支払いを滞れば、これまで住宅ローンを分割で支払ってきた債務者側の利益は失われ、ローン残額を一括で返済しなければならなくなります。

　なお、保証会社が住宅ローンを保証している場合は、債務者が期限の利益を喪失すると、保証会社が債務者に代わって一括弁済（代位弁済）を行い、保証会社が債務者に対しローン残額の一括返済を請求することになります。そして、一括返済の請求を放置していると、請求を行った債権者や保証会社によって競売の申立てがなされます。競売が申し立てられても、開札期日（入札結果を発表する日）の前日までであれば任意売却ができますが、直前だと債権者から拒否される可能性が高くなります。競売による売却でもかまわないのであれば問題ありませんが、任意売却で親戚に売る（22ページ）ことなどを検討していた場合には、計画を立て直さなければなりません。任意売却を決めたのであれば、早めに債権者との交渉に入りましょう。

4 買受人を探す

好条件で購入してもらえる人を探すのがポイント

任意売却を主導する人が買受人を探す

　抵当不動産の任意売却を行うことについて、すべての利害関係人の同意を得た後、あるいは利害関係人との調整作業と並行して、その買受人を探す必要があります。

　任意売却の場合には、これを主導する人（主に所有者または債権者）で買受を希望する人を探さなければなりませんから、抵当不動産の所有者（債務者）だけでなく、債権者である銀行やその他の大口債権者なども含めて、各利害関係人がそれぞれの人脈を頼りに買受を希望する人を探した方が、よい条件で買い受けてくれる人を見つけやすくなるのが一般的です。

　買受人を探すときには、対象となる抵当不動産に向いている人を探した方が効率的です。たとえば、その不動産が工場であれば、同業者から探した方が希望者を見つけやすく、好条件で売却できる可能性が高いでしょう。反対に、不動産が特殊なものであることが原因で買い手がつかなかったり、買い叩かれてしまうことも考えられます。このような場合には、建物を取り壊して更地にした上で、広く一般に売却した方が、建物があるよりも好条件で売却できることもあります。ただし、建物の取り壊し費用が余分にかかってしまうため、注意が必要です。

売却予定価格を下げることもある

　買受人の属性によって、売却価格が大きく変わってくる場合があります。通常は、その不動産をほしいと希望する個人や事業者を買受人

とした方が、不動産業者を買受人とするよりも好条件での売却を期待できます。しかし、なかなか買受希望者が見つからず、多少価格を下げてもかまわない場合には、不動産業者に買い受けてもらう方法も検討した方がよいでしょう。

　広く一般的に流通する不動産の場合には、売却予定価格を提示してくる買受希望者が現れるのを待つこともできます。しかし、市場に流通しにくい不動産の場合には、売却予定価格を提示してくれる買受人がいつまでも現れず、ますます売却のタイミングを逸した上に不動産の価値も低下してしまった、ということにもなりかねません。

　このように、売却予定価格を下回る価格でしか買受の希望がない場合には、売却予定価格にこだわり続けて売却のタイミングを逃してしまうよりも、価格を下げてでも売却してしまった方が、結果的に利害関係人にとってプラスとなることがあるのです。

▌配分方法について検討する

　売却代金の配分方法については、事前に調整しておく必要があります。必要な項目をリストアップし、債権者などの利害関係人の状況を記載するリストを作っておくとよいでしょう。

■ 任意売却にあたっての注意事項 ……………………………

注意事項	買受人の指定	・利害関係人の人脈を有効活用する ・売却不動産の特徴を把握して買受人を探す ・好条件での売却を期待できる買受人を探す
	売却予定価格の変更	・買受人が見つからない場合には価格を下げる ・不動産業者に探してもらうのも一つの方法
	売却代金の配分	・利害関係人の状況をまとめたリストを作る ・仲介手数料や登記費用をあらかじめ考慮しておく

任意売却にはどんな費用がかかるのでしょうか。

 　法律上、任意売却は不動産の売買ですから、不動産の売買の
当事者となった時に必要となる費用は発生します。

　たとえば、不動産業者に仲介してもらった場合には、仲介手数料が
かかります。その他、売買契約書に貼付する印紙代、固定資産税清算
金、抵当権の解除料、抵当権の抹消登記手続きの費用、所有権の移転
登記手続きの費用も発生します。登記手続きを司法書士に依頼した場
合には、司法書士に支払う報酬も必要です。不動産の評価を行う段階
では不動産鑑定費用もかかります。

　また、不動産がマンションの一室である場合には、管理費や修繕積
立金の支払いが必要です。この費用を所有者が支払わずにいた場合、
買受人は滞納分も支払う義務が生じます。不動産を賃貸に出していた
場合には、賃借人から預かった保証金や敷金を返還する費用も買受人
が負担します。売却代金を決定する際は、これらの費用分を差し引く
ことが多いようです。所有者が破産手続開始の決定を受けている場合
で、任意売却によって得た代金の一部を破産財団に組み入れることに
なっている場合も、その組入分を売却代金から差し引くことがあります。

　さらに、古い建物を取り壊すための費用を負担することや、抵当不
動産を借り受けている賃借人に対し立退料や引越費用を支払うことが
必要となる場合もあります。不動産の管理状況が思わしくなく、ゴミ
が散乱していたり土壌汚染が進んでいるようなケースでは、不要物の
撤去費用や土壌汚染の調査や測量費用などがかかることもあります。

　ただし、仲介手数料、登記手続きの費用、管理費・修繕積立金の滞
納分、固定資産税の滞納分、引越費用などについては、売却代金から
控除される可能性があります。控除される場合は、売主である所有者
が現実に負担する必要はありません。

5 売価代金の配分について 知っておこう

抵当権の順位と設定額に応じて配分を決めるのが一般的

利害関係人から見ても妥当といえるものでなければならない

　任意売却を行う際には、事前に利害関係人の全員の同意を得ておく必要があります。その際に、調整が難航しやすいもののひとつとして、売却代金の配分方法があります。

　特に複数の抵当権が設定されている不動産において、その不動産の価値が抵当権の額を下回っている場合には、利害関係人の調整も慎重に行う必要があります。こうしたケースでは、後順位の抵当権者が競売を行ったとしても、債権を回収することはできません。そこで、後順位の抵当権者としては、任意売却を行う場合に求められる抵当権の抹消登記手続きに協力する代わりに幾分かの金銭（解除料あるいはハンコ代と呼ばれています）を受け取る、といった内容で任意売却への同意に至るのが通常です。

　このように、すべての利害関係人が任意売却に同意・協力することで、競売では得られない利益を得られるよう、状況に応じてきめ細かい対応を行うことができる点が、任意売却のメリットです。

　そして、個々のケースに対応しつつも、利害関係人の全員にとって公平な取扱いとなるようにチェックリストなどを準備して、明確な基準に従って手続きを進めていくことが、任意売却を成功させるポイントだといえます。

譲歩の額と割合には基準がない

　競売の場合には、配分方法についても法律で定められていますから、この点について揉めることはないといえます。

一方、任意売却の場合には、その手続きについて明確に定める法律の規定がありませんので、競売のように後順位の抵当権者がまったく債権を回収できないような取り決めをすることもできますし、極端な話としては、配当額の決定にあたって先順位の抵当権者よりも後順位の抵当権者を優先的に取り扱うこともできます。

　このように、どのような方法で配分を決めてもかまわないのが任意売却のよいところでもあるのですが、何の基準もないまま話し合いを進めていくと、声の大きい債権者の主張がまかり通るような不条理な状況となるおそれがあります。

　特に競売が行われた場合には債権の回収が絶望的な状況にある後順位の抵当権者が、自身の債権を少しでも多く回収するために、先順位の抵当権者に対して過大な解除料を要求し、これに応じなければ、任意売却に協力しないと主張することもあり得ます。

基本的には抵当権の順位に比例する

　利害関係人の誰かが譲歩の額と割合について、あまりに非常識な要求を行っている場合、最終的には任意売却の交渉自体が不調に終わる可能性が高くなります。任意売却の交渉がまとまらなければ、最終的には競売へと進むことになります。

　もちろん、前述したように、任意売却については法律上明確な定めがないことから、売却代金の配分については自由に決めることができるのが原則です。しかし、こうした現実を踏まえ、最終的には競売へと進むことを念頭に入れて、競売における評価基準を参考として任意売却の話を進めていくケースも多いようです。たとえば、複数の抵当権が設定されている抵当不動産を任意売却する場合には、その抵当権の順位と設定額に応じて売却代金を配分するように、交渉が進められることが多いのが実状です。

▌利害関係人にもいろいろある

　売却代金を利害関係人に配分すると言っても、その利害関係人にもさまざまな立場があります。

　たとえば、債権者の場合、「それぞれが有している債権を回収できるかどうか」という点において、①優先的に弁済を受けられる債権者（上位債権者とします）、②劣後する債権者（下位債権者とします）、③上位とも下位ともいえない立場にある債権者（中間債権者とします）、に分けて考えることができます。

　上位債権者は、競売が行われても任意売却が成立しても、債権を回収できる見込みのある立場にあります。一般的には抵当権の順位が1番目の場合に上位債権者だといえるでしょう。

　下位債権者は、債権者の中でも最も債権回収の見込みのない立場にあります。抵当不動産が競売にかけられた場合には、債権を回収できる見込みがないのはもちろん、任意売却が成立しても、抵当権設定登記の抹消への協力費（解除料またはハンコ代）くらいしか回収できる

■ 売却代金の配分 ･････････････････････････････････････

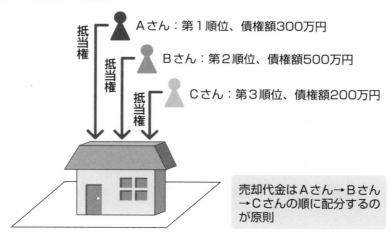

抵当権　Aさん：第1順位、債権額300万円

抵当権　Bさん：第2順位、債権額500万円

抵当権　Cさん：第3順位、債権額200万円

売却代金はAさん→Bさん→Cさんの順に配分するのが原則

見込みがありません。

　上位とも下位ともいえない立場にある中間債権者は他の債権者よりも不安定な立場にあります。抵当不動産が競売にかけられた場合には債権を回収できるかどうか微妙ですが、任意売却が成立した場合には、債権を回収できる見込みがあります。

▌ 微妙な立場の人が譲歩する

　任意売却によるか、それとも競売によるか、いずれの方法をとるかによって、債権を回収できるかどうかが大きく影響を受けることになるのは、上記の③に挙げた上位とも下位ともいえない立場にある中間債権者です。

　こうした事情から、売却代金の配分を決める際には、中間債権者は、下位債権者に対して譲歩するのが一般的です。ここでの「譲歩」は、下位債権者が抵当権設定登記の抹消手続きに協力したことに対するお礼という形で行動に表れます。具体的には、解除料などとして下位債権者に支払われる金銭を、中間債権者が自ら受けるはずであった金銭から支払うことになります。

　ただ、常に中間債権者だけが譲歩をしなければならない、というわけではありません。たとえば、下位債権者の努力によっては見つからなかった買受人が現れたようなケースにおいては、その下位債権者の努力の恩恵を受けるのは中間債権者だけではありません。長い期間売却できずにいた状況から確実に債権を回収できる状況となった、という点においては、上位債権者も恩恵を受けています。このような場合には、上位債権者が譲歩したとしても不合理ではありません。

　このように、どの債権者が下位債権者に譲歩するのか、という問題は、個々のケースによって対応が異なるのが実状です。

6 担保解除料について知って おこう

配当を得られない債権者に対しては解除料を支払って協力を求める

配当を与えることのできない利害関係人への配慮

　任意売却を行う際には、原則として売買代金の受取りと抵当権の解除は同時に行います（112ページ）。代金の受取りと抵当権の解除を同時に行うということは、たとえ配当を得ることのできない劣後債権者（下位債権者）であっても、抵当権の解除に伴う抹消登記の手続きに協力する必要があるということです。そして、下位債権者が協力をしなければ、任意売却は成立しません。

　しかし、競売手続きが始まってしまえば債権をまったく回収する見込みのない立場にある利害関係人の場合、任意売却を行っても配当を得ることは難しいのが実状です。自分は配当を得られないのに「抵当権を解除しなさい」と言われても、協力する気になれないのが人情です。こうした事情から、一般的に配当を受けられない利害関係人に対しては、配当を受ける側の債権者が譲歩することによって解除料が支払われます。この解除料のことを「担保解除料」または「ハンコ代」などと呼んでいます。担保解除料の金額については、どの程度にするのかという決まりや基準は存在しませんが、住宅金融支援機構では、売却代金から控除すべき後順位の抵当権者（劣後債権者）に対する担保解除料として、下記のような目安を設けています。

　具体的には、①第2抵当権者に対しては、30万円または残元金の1割のいずれか低い方を、②第3抵当権者に対しては、20万円または残元金の1割のいずれか低い方を、③第4順位以下の抵当権者に対しては、10万円または残元金のいずれか低い方を、それぞれ担保解除料として売却代金から控除するという目安を設けています。ただし、これ

はあくまでも住宅金融支援機構の目安であり、異なった対応がなされることもある点に留意してください。

どのように交渉するのか

数多くの利害関係人がいる場合、劣後債権者の中には貸金業者などが名を連ねていることがあります。そして、任意売却の対象となる不動産に対して仮登記や仮差押登記をしている債権者がいる場合もあります。これらを行っている債権者の中には、高額の担保解除料を要求してくる者がいるかもしれません。しかし、担保解除料をいくらにするかを決める場合の前提として、担保解除料しか得ることのできない立場にある劣後債権者は、そもそも不動産を競売にかけられてしまえば、債権を回収することができない立場にある、ということを忘れないでください。

そして、そのことは劣後債権者も十分に承知しています。したがって、劣後債権者に対しては、折り合いがつかなければ競売に切り替える用意があることを知らせながら、常識的な金額の担保解除料で合意

■ 担保解除料の役割 ……………………………………

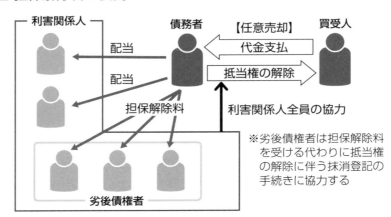

に至るように交渉を進めることになります。

　なお、抵当不動産の所有者が破産手続き開始の決定を受けている場合には、破産管財人は、担保権消滅許可制度（249ページ）を利用して、担保権を消滅させることも可能です。不当な要求をしている劣後債権者がいるような場合には、こうした制度を上手に利用しながら、交渉を進めていくことが重要になります。

■ 劣後債権者が抵当権の抹消に同意しない場合

　劣後債権者である後順位の抵当権者が抵当権の抹消に同意しない場合は、任意売却自体が不成立になるおそれがあります。このような場合には、抵当権が付いたまま不動産を先に売却し、買受人である第三者から抵当権者に対し、抵当権を抹消するよう請求してもらう方法が考えられます。これを「抵当権消滅請求」といいます。抵当権消滅請求は、抵当権が設定された不動産（抵当不動産）を取得した第三者（第三取得者）が、不動産を取得した金額または第三取得者自らが抵当不動産を評価した金額を提供することを申し出て、これを抵当権者

■ 不動産の第三取得者と抵当権消滅請求 ……………………………

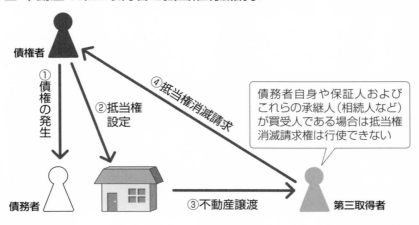

①債権の発生
②抵当権設定
④抵当権消滅請求
③不動産譲渡

債権者
債務者
第三取得者

債務者自身や保証人およびこれらの承継人（相続人など）が買受人である場合は抵当権消滅請求権は行使できない

が承諾して受領した場合に、抵当権の抹消を認める制度です。

　具体的な手続きの流れは、以下のとおりです。まず、第三取得者は、抵当権設定登記をしている債権者全員に対し、抵当不動産を取得した原因（売買など）・年月日、譲渡人（売主）と第三取得者の氏名・住所、抵当不動産の性質・所在・代価、および消滅請求を受けた抵当権者が2か月以内に競売を申し立てないときは代価を抵当権の順位に従って弁済または供託すること、を記載した内容証明郵便を送付し、かつ別便で抵当不動産の登記事項証明書を送ります。

　次に、書面を受け取った債権者は、第三取得者からの申出を承諾するか、あるいはこれを拒否して、競売手続きを行うかを選択しなければなりません。競売手続きを選択した場合は、書面を受け取った日から2か月以内に競売の申立てを行う必要があります。2か月以内に競売の申立てがなされない場合には、第三取得者からの申出を承諾したものとみなされます。

　最後に、登記された債権者全員が承諾した場合、あるいは2か月以内に競売の申立てがなされない場合には、第三取得者は、申出金を支払うか、または供託をすれば、抵当権消滅請求の効果が生じて抵当権が消滅します。

　なお、抵当権者が2か月以内に競売を申し立てた場合であっても、第三取得者が当然に抵当不動産を失うとは言い切れません。競売手続きには無剰余執行禁止の原則があり、申立債権者に優先する債権の額の合計額を弁済して剰余（余り）を生ずる可能性がない場合には、執行手続きが取り消されます。したがって、後順位の抵当権者のように、競売がなされても配当を得る可能性がない場合には、仮に競売を申し立てても、執行裁判所により申立てが却下されることになりますので、結局のところ、抵当権消滅請求における第三取得者の申出を承諾したのと同様の効果が生ずるといえるでしょう。

7 契約書をチェックする

通常の契約書に任意売却の特性に応じた条項を加えておく必要がある

■ 白紙解約の特約が置かれているのが一般的

　買受人が見つかり、利害関係人からの同意が得られたら、売買契約書（109ページ）を作成します。一般の不動産売買であれば、買主が売買代金の10％～20％程度の手付を支払います。この手付によって不動産を一時的に押さえておき、契約を解除した場合には、解除をした側が手付の金額に応じた負担をします。しかし、任意売却の場合は、当事者などが集まって取引をする前日になって所有者が行方をくらますなど、通常では考えられない事態が起こって、契約が不成立になってしまうことも起こり得ます。

　このようなリスクを最小限に抑えるために、任意売却の手続きにおいては、権利関係と金銭の移動を1日の中で完結させるようにしています。こうした事情から、実務上、任意売却の場合には、手付の受け渡しが行われないことも少なくありません。

　任意売却の手続きは、その大部分が通常の不動産売買と同じ手続きを経て進みますが、所有者と買受人との売買契約に至る背景と関わる人数は、通常の不動産売買とは異なり複雑なものがほとんどです。通常の不動産売買であれば、大きな問題もなく終了する手続きであっても、利害関係人の意向が変わるだけで、契約そのものが成り立たなくなる危険性があるのです。どんなに準備を整えても、取引当日に抵当権者の1人が抹消登記の手続きへの協力をとりやめてしまえば、契約が不成立になることもあります。

　そこで、任意売却の契約書には、債権者の同意が得られず、対象不動産に設定されている抵当権などの担保権が抹消できない場合に備え

て、無条件で契約を解除できる白紙解約の特約が一般的に設けられています（第10条参照）。

担保責任免除の特約が置かれていることが多い

　任意売却の契約書には、売主の担保責任（契約不適合責任）を免除する特約が置かれることが多いのが特徴です。担保責任とは、主としてシロアリや雨漏りなど売買の目的物である不動産に欠陥（不適合）があった場合に売主が負担する責任です。担保責任の具体的な内容としては、履行追完請求（欠陥の修繕などを求めること）、代金減額請求（売買代金の減額を求めること）、損害賠償請求、契約の解除の４つがあります。しかし、任意売却の場合、売主は住宅ローンの返済のメドがたたず、不動産を手放さざるを得ない状況に追い込まれているのがほとんどです。しかも売却代金はすべて債権者に回収されるため、損害賠償金を支払う資力はありません。そのため、売主の担保責任を免除する特約を契約書に盛り込むことが多いです（第11条参照）。ただし、売主が欠陥（不適合）の存在を知りながら買受人に告げなかった場合には、担保責任免除の特約が適用されず、売主は担保責任を負担します。

　さらに、任意売却の契約書には「現状有姿のまま引き渡す」といった文言が記載されることがあります（第１条参照）。現況有姿とは、契約締結から引渡しまでの間に、補修箇所などが生じて物件に変動があっても、補修などをして契約時の状況に復元する必要はなく、引渡時の状況で引き渡す義務を負うに過ぎないことを意味しています。担保責任の免除特約と同様に、売主の負担を軽減させるためのものだといえます。

　最後に、土地の売買には実測売買と公簿売買の２種類がありますが、任意売却では公簿売買が原則となり、仮に登記簿上に記載された面積と実際の面積との間に差異が生じていても、売買代金を変更できないことを契約書に明記しておきます（第３条参照）。

不動産売買契約書

　売主○○○○（以下「甲」という）と買主○○○○（以下「乙」という）は、後記物件（以下「本物件」という）につき、以下のとおり売買契約（以下「本契約」という）を締結した。

第1条（売買契約）

　甲は、乙に対し、本物件を現状有姿のままで代金○○円で売り渡し、乙はこれを買い受けた。

第2条（代金支払方法）

　乙は、甲に対し、本物件の所有権移転登記申請の手続きと同時に、代金○○円を支払う。

第3条（売買面積）

　本物件の面積は登記簿上の面積によるものとする。登記簿の面積と実測に相違があっても売買代金の増減はしない。

第4条（所有権の移転と引渡し）

1　本物件の所有権は、乙が第2条の代金全額を甲に支払ったとき、甲から乙に移転するものとし、甲はその受領と同時に所有権移転登記申請に必要な書類を乙に引き渡す。

2　甲は、本物件を前項の所有権移転と同時に引き渡すものとする。

第5条（登記費用等の負担）

　本物件の売渡しに要する契約書等の費用は甲乙折半にて負担し、所有権移転登記申請の費用は乙の負担とする。

第6条（抵当権等の抹消）

　甲は、第4条の所有権移転の時期までに、抵当権等の担保権、

賃借権等の用益権、その他乙の所有権の完全な行使を妨げる一切の負担を除去しなければならない。

第7条（公租公課の負担）

本物件に関する公租公課については、第4条の引渡しの日の前日までの分を甲、引渡し日以降の分を乙が負担とするものとする。

第8条（引渡し前の滅失等）

1　第4条の引渡し前に天災地変、その他甲、乙いずれの責めにも帰することができない事由により、本物件が滅失若しくは損傷したときは、その損失は甲の負担とする。

2　前項のために本契約を締結した目的を達することができないときは、乙は、本契約を解除することができる。

第9条（契約違反による解除）

甲又は乙は、相手方が本契約に基づく義務の履行をしないときは、相手方は催告の上、本契約を解除し、違約金として第2条の代金の○パーセント相当額を請求することができる。ただし、解除者に生じた損害がそれを上回る場合であっても、違約金を超える金額については請求することはできない。

第10条（白紙解約の特約）

本契約は任意売却のため、債権者の同意が得られず、第4条の引渡しの日までに、本物件に設定された抵当権を抹消できなかった場合、本契約は白紙解約とする。

第11条（担保責任免除の特約）

本物件に関して、甲は、乙に対して、民法第562条第1項本文又は第565条に規定する場合における担保の責任（契約不適合責任）を負わないものとする。

第12条（その他）

甲乙は、本契約に定めがない事項並びに各条項の解釈について

疑義が生じた時は、関係法規及び慣習に従い誠意をもって協議解決する。

　以上、本契約の成立を証するため、本書を二通作成し、署名捺印の上、各自一通を保有する。

（不動産の表示）
　＜土地の表示＞
　　　所在　東京都港区××二丁目
　　　地番　３番３
　　　地目　宅地
　　　地積　８８．７８㎡
　＜建物の表示＞
　　　所在　東京都港区××二丁目３番地３
　　　家屋番号　３番３
　　　種類　　居宅
　　　構造　木造瓦葺平屋建
　　　床面積　４０．１２㎡

令和〇年〇月〇日
　　　　　　　　甲（売主）東京都〇〇区××〇丁目〇番〇号
　　　　　　　　　　氏名　〇〇〇〇　　　㊞
　　　　　　　　乙（買主）埼玉県〇〇市××〇丁目〇番〇号
　　　　　　　　　　氏名　〇〇〇〇　　　㊞

8 条件面で合意ができたら

取引当日までにすべての必要書類を準備しておく

取引前にどんなことを確認すればよいのか

　任意売却を行うことについてすべての利害関係人の同意を得た後に、取引を行うことになりますが、事前に以下に挙げる事項について同意できているかどうか、確認しておく必要があります。

・今回の取引の対象不動産（抵当権の解除の対象となるため重要）
・対象不動産の売買金額
・対象不動産の代金の入金に関する条件（金額・入金日・入金方法）
・対象不動産の代金の入金を行う者
・担保解除申請書・同意書・承諾書を所有者が準備すること
・対象不動産に根抵当権が設定されている場合、元本の確定や極度額の減額に関する事項
・今回の合意の有効期限

抵当権の解除はいつすればよいのか

　債権者が確実に弁済を受けるためには、不動産の売却代金からの債権回収と、抵当権の解除やそれに伴う抹消登記の手続きを、別々のタイミングで行うのではなく、同時に行う必要があります。

　買受人が抵当権の解除やそれに伴う抹消登記の手続きを先に行うように要請してきたとしても、それを売主である所有者（債務者）は拒絶し、手続きを同時に行うようにと答えるはずです。これは、債権者が弁済を確実に受けるために必要なことだからです。

　ただし、買受人が個人や企業ではなく、地方公共団体である場合には、異なる対応をすることもあります。というのも、たいていの地方

公共団体は、先に抵当権設定登記の抹消を行うように指定しているからです。買受人が地方公共団体である場合には、債権者が弁済を受けられないという心配はありませんが、先に抵当権を解除してしまうと、売却によって得た代金に対して一般債権者から差押えを受けるおそれがあります。債権者は、これを防ぐために、売却代金に対して質権（債権質）を設定する、といった方法で保全をしておく必要があります。

　したがって、債権者が売却代金を受け取る前に抵当権を解除する場合には、売却代金をどのように保全するか、あらかじめ買受人と債権者の間で合意をした上で、その内容を書面で残しておくことになるでしょう。

▌任意売却の段取りについて

　任意売却は、売買契約の締結、弁済金（買受人から支払われる代金）の支払いと分配、抵当権設定登記の抹消申請までを同時に行うのが通常ですが、利害関係人が多ければ多いほど、手続きも書類も増えることになります。したがって、任意売却をスムーズに行うためには、事前の準備と調整を念入りに行う必要があります。

　特に利害関係人の全員の同意が得られなければ、そもそも任意売却を成立させることはできませんから、事前に合意した内容にたがえる

■ 任意売却の契約締結と抵当権の抹消 ……………………………

不動産所有者　　抵当権抹消請求　　　　弁済金支払請求　　　債権者

・売買契約の締結、弁済金の支払い、抹消登記は同時に行う（同時履行）
・契約書や登記事項証明書など、必要な書類をあらかじめ用意しておく
・抵当権者は弁済者（不動産所有者）に領収書を発行する

ことなく手続きを進める必要があります。また、必要な書類がそろっているかどうかも必ず確認しましょう。書類の不備があると、すべての手続きをその場で終えることができなくなってしまう場合がありますから、注意が必要です。

　実際に手続きを行う場合には、専門家である司法書士に立ち会ってもらうケースがほとんどですが、たいていの司法書士の事務所は登記所（法務局）の近くにあります。物理的にも手続きをスムーズに行えるメリットがあるため、取引の場所自体を司法書士の事務所で行うケースも多いようです。担当する司法書士に、事前に各利害関係人が準備しなければならない書類を確認しておくとよいでしょう。

弁済金の充当について

　抵当不動産が売却された場合、弁済金をどの被担保債権（抵当権によって担保される債権のこと）の弁済に充てるのか、という問題が生じます。特に複数の被担保債権がある場合に問題となります。「どの被担保債権の弁済に充てるのか」を決める権限を充当指定権といいます。この充当指定権は、別段の取り決めをしていない場合には、原則として弁済者（抵当不動産の所有者）が有しています。したがって、任意売却を行う前に、すべての債権者が納得できる順序や方法で弁済金を充当するとの特約をつけておいた方がよいでしょう。

競売手続き中の任意売却は可能なのか

　競売の手続きが進行中の抵当不動産であっても、その進行度合いによっては、競売を取り下げた上で任意売却に切り替えることが可能です。ただし、競売手続きにおいて買受申出人が決定した場合には、無条件で取り下げられるわけではありません。この場合には、買受申出人の同意を得なければ、競売を取り下げることはできないので、注意が必要です。

Q 知り合いに保証人になってもらっているのですが、任意売却した場合、後で保証人とトラブルになることもあるのでしょうか。

A 担保保存義務とは、法定代位権者のために担保の保存をすることを債権者に課したものです。法定代位とは、債務を弁済することについて正当な利益のある者が、債務者に代わって債務を弁済すること（代位弁済）により債権者に代位することで、保証人や物上保証人が法定代位権者に該当します。

たとえば、保証人が代位弁済する前に、任意売却によって債権者が抵当権を解除したとします。任意売却の結果、債権を全額回収することができれば問題ないのですが、多くの場合、任意売却の代金だけでは債権の全額回収には至りません。そこで、残額を保証人に請求することになりますが、保証人が代位弁済をした場合には、保証人の権利を守るために「債権者に代位すること」、具体的には、債権者が債務者に対して持っていた権利を保証人が代位行使することが認められています。

しかし、既に債権者が任意売却によって抵当権を解除しているときには、保証人は、その抵当権を得ることができなくなってしまいます。これでは、抵当権が設定されていることを頼りとしていた保証人にとって酷な話となります。

こうした不都合を回避するために、任意売却などに際して債権者が抵当権を解除する場合には、法定代位権者のために担保を保存しなければならない（担保の喪失・減少をさせてはならない）とされています。これが債権者の負っている担保保存義務です。この担保保存義務に違反し、債権者が任意売却を行って抵当権を解除したとしても、法定代位権者である保証人は、抵当権の解除（担保の喪失・減少）によって償還（支払い）を受けることができなくなる金額を限度として、債権者に対する責任を免れるとされています。

●担保保存義務免除特約とは

　債権者は担保保存義務を負っていますので、任意売却を行って抵当権を解除してしまうと、保証人が免責され、後になって残債権について保証人に全額を請求できない可能性が生じます。

　これを避けるために、金融機関などの債権者は、保証人や物上保証人と保証契約を結ぶ際には、あらかじめ担保保存義務を免除する特約を結んでいます。この担保保存義務免除特約を結んでおけば、任意売却を行うことになっても、金融機関は保証人や物上保証人に対して担保保存義務を負わずにすむのです。

　金融機関は保証人や物上保証人との間で担保保存義務免除特約を結んでいることが多いようですが、任意売却を行う際には、その債務者の保証人や物上保証人に対して、改めて担保解除同意書への署名を求めるのが通常です。こういった手続きを踏んでおけば、後で保証人や物上保証人とトラブルになることもないのですが、債務者としても担保保存義務の関係で問題が生じないか債権者に確認しておく必要があるでしょう。

■ 任意売却と担保保存義務違反の主張 ………………………

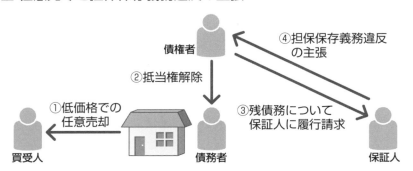

➡ 担保保存義務違反を避けるために、あらかじめ債権者と保証人との間で、担保保存義務違反を免除する旨の特約を結んでいることが多い

第 5 章

強制執行と
担保権実行のしくみ

1 強制執行のしくみを知っておこう

強制執行は債権回収の最終手段である

借金を滞納し続けると財産を差し押さえられる場合がある

　借金の支払いが厳しく滞納を続けていると、債権者である金融機関などの申立てによって、債務者自身の財産が差し押さえられる場合があります。これを強制執行といいます。強制執行は、裁判所などの国家権力が、強制的に債務者の財産を差し押さえ、その財産を競売（強制競売）にかけて得た売却代金から、債権者が自らの債権を回収するという非常に強力な手段であるため、強制執行を正当化させる書面の提出が必要とされています。このような書面を債務名義と呼んでおり、勝訴判決、仮執行宣言が付された支払督促、執行証書、和解調書などが債務名義にあたります。したがって、借金の支払いを滞納したからといって、即座に強制執行が行われるわけではなく、債権者は、強制執行に先立ち、訴訟を提起して勝訴の確定判決を得るなどして、債務名義を取得する必要があるのです。

　債権者である金融機関などは、長期的な滞納があるときは、支払督促の申立てをしたり、少額訴訟あるいは通常訴訟を提起して、債務者に支払いを要求してきます。債務者が審理の期日に欠席した場合や、支払いをしないことを正当化する事由がない場合には、債権者の言い分が通って勝訴判決がなされ、一定期間の経過をもって判決が確定します。判決確定後も支払いをせずにいると、債権者は、確定判決を債務名義として強制執行を裁判所に申し立てます。このように、強制執行は、債権者にとって債権を回収する最終手段となります。

　強制執行は、差押えの対象となる財産に応じ、①不動産執行、②準不動産執行（登記または登録された船舶、航空機、自動車など）、③

動産執行（宝石、時計、裏書禁止でない有価証券など）、④債権執行（給与、預金など）の４つに分けられます。

　たとえば、消費者金融などからの借入金の滞納については、債権執行により給与や預金口座を差し押さえて、そこから得られる金銭によって債権の回収が図られるケースが多いです。他方、住宅ローンの滞納について、債権者は、住宅ローンの担保のため抵当権が設定された不動産を差し押さえ、競売にかけて得られた売却代金から債権の回収を図るのが一般的です。

　ただし、ほとんどのケースが債務名義を要する強制競売としてではなく、担保権に基づき競売がなされます。これを担保権の実行といいます。担保権の実行は、強制執行とは異なり、事前に訴訟を提起して勝訴の確定判決などを得る必要がないことから、手間や時間が省け、必要な場合、即座に不動産を差し押さえることができる、という債権者側のメリットがあります。

強制執行には３つの書類が必要となる

　強制執行の申立てに際しては、原則として、①債務名義、②執行文、③送達証明という３つの書類（３点セット）が必要です。

■ 一般的な強制執行の流れ ……………………………………………

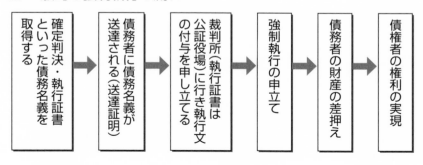

確定判決・執行証書といった債務名義を取得する　→　債務者に債務名義が送達される（送達証明）　→　裁判所（執行証書は公証役場）に行き執行文の付与を申し立てる　→　強制執行の申立て　→　債務者の財産の差押え　→　債権者の権利の実現

① 債務名義

債務名義とは、強制執行により実現されることが予定されている債権の存在や範囲（金額）、当事者（債権者と債務者）を公的に証明した書面のことです。わかりやすく言えば、強制執行を行ってもよいと裁判所が許可した文書ということになります。

債務名義の典型例としては確定判決が挙げられます。当事者間で債権債務という法律関係の有無やその内容につき争いがあり、訴訟手続きに従って争いに終止符が打たれ、法律関係が明確になったときに、その結果が判決書の形で残されます。それでも債務者が債務を履行しない場合、債権者は、判決書の内容に即し、裁判所などの国家権力の助力を得て債権を実現することになります。

ただし、債務名義となる判決は「被告は原告に対し金○円支払え」といったように、金銭の支払いなど一定の行為を命ずる給付判決で、かつ、確定していなければなりません。判決は、債務者が判決正本（正本の認証がある判決書の写し）を受け取った日の翌日から２週間以内に上訴（控訴または上告）をしなければ確定します。もっとも、判決主文中に「この判決は仮に執行することができる」という仮執行宣言が付されていれば、確定前であっても債務名義となり、強制執行

■ 債務名義になるもの（主なもの）………………………………………

債務名義になるもの	備　　考
確定判決 …………………	上訴ができない状態になり確定した判決
仮執行宣言付判決 ………	確定していないが一応執行してよいもの
仮執行宣言付支払督促 …	仮執行宣言を申し立てる
執行証書 …………………	金銭支払請求権について強制執行が可能
仲裁判断＋執行決定 ……	執行決定を求めれば執行できる
和解調書 …………………	「○○円払う」といった内容について執行可能
認諾調書 …………………	原告の請求を被告が認めたことについての調書
調停調書 …………………	「○○円払う」といった内容について執行可能

を行うことが可能です。また、訴訟手続きの途中であっても、当事者双方の話し合いにより和解が成立した場合には、裁判所書記官が作成する「和解調書」も債務名義となります。

さらに、裁判によらなくても、金銭消費貸借などの契約書を公証役場で作成した場合で、かつ、公正証書中に「債務者が債務を履行しない時は、直ちに強制執行を受けても異義のない事を承諾する」という執行受諾文言が記載されていれば、債務名義としての効力が認められます。なお、執行受諾文言が記載された公正証書のことを執行証書といいます。この他、仮執行宣言付支払督促や調停調書、仲裁判断なども債務名義となります。

② **執行文**

執行文とは、債務名義の執行力が現存することを公に証明する文書のことです。債務名義があると強制執行を申し立てることができますが、それだけで強制執行ができるわけではありません。判決が確定したり、公正証書が作成された後でも、債権債務をめぐる状況が変化していないとは限りません。債務者が死亡してしまい、子どもらが債務のことを知らずに相続をしているケースもあり得ます。また、債務者である会社が合併していれば、会社名の異なる債務名義でそのまま強制執行をすると問題が生じます。

このような問題を避けるために、債務名義のまま強制執行する効力があることを確認する手続き（執行文の付与）が用意されています。

■ **強制執行に必要な３点セット** ……………………………………

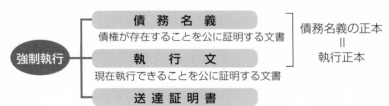

債権者が強制執行を申し立てた時点で、債務名義に執行力があることをチェックしてもらい、それを証明する文をつけてもらうのです。

　執行文の種類には、①通常必要とされる「単純執行文」、②相続などで当事者が変更した場合に必要となる「承継執行文」、③債務名義に記載された債務の内容が条件付きである場合で、条件が成就したことを証明するために必要となる「条件成就執行文」の3つがあります。執行文の付与は執行力の証明ができる資料を保有している機関が行います。確定判決や和解調書といった裁判所が関与する債務名義については、その事件の記録が存在している裁判所の書記官が行います。執行証書については、その原本を保管している公証人が行います。

　なお、少額訴訟の確定判決や仮執行宣言付判決など、簡易迅速な執行を認める必要性が高い債務名義については、執行文は不要です。

③　送達証明

　強制執行の手続きは、債権者の申立てに基づいて執行機関によって行われます。手続きを開始するためには、債務者に債務名義を送達しておかなければなりません。そして、送達という手続きを踏んだことを証明して、はじめて強制執行を開始できるのが原則です。この送達を証明する書類のことを送達証明といいます。送達証明が要求される理由は、債務者にどのような債務名義で強制執行の手続きが開始されるのかを知らせ、債務者に防御の機会を与える必要があるからです。

■　差押えの対象となる主な債権 ……………………………………

種　類	第三債務者
給与債権	雇用主
預金債権	銀行
賃料債権	土地や建物などの借主
売掛金債権	取引先の会社などの買主
請負代金債権	注文者

2 不動産執行はどのように行われるのか

申立ての後は裁判所が手続きを進めていく

不動産執行の順序について

　不動産はその財産的価値が非常に高く、しかも、利害関係人が多数存在している可能性があります。そのため、不動産を対象とする強制執行（強制競売）では、慎重を期した手続きが予定されています。

申立てから始まる

　競売は、債権者が不動産執行の対象とする不動産の所在地を管轄する地方裁判所に対して、不動産執行の申立てをすることから始まります。この申立ては申立書を提出して行います。

　裁判所は申立書を審査して、問題がなければ、不動産執行の開始や不動産の差押えを宣言する開始決定（競売開始決定）をします。開始決定の正本は債務者に送達されるので、それによって債務者は手続きが始まったのを知ることができます。

現状を凍結する

　開始決定がなされると、対象となっている不動産には「差押え」が行われます。不動産をめぐる法律関係が変動すると手続きが円滑に進められませんし、債務者が債権者の先手を打って不動産を売却して現金化するおそれがあります。

　そこで、差押えをして不動産に関する処分を一切禁止するのです。このように現状を凍結してから競売の手続きに入っていくわけです。具体的には、裁判所から法務局（登記所）に対して、差押登記が嘱託されます。

調査をする

　現状が凍結されると、不動産をめぐってどのような担保権が存在するのか、不動産自体にどれだけの価値があるか、といった競売に必要な情報を収集します。裁判所は、登記されている抵当権者や仮登記権利者などに対して、期間内に債権の届出をするように催告します。この届出によって、申立人の債権以外に、どれだけの債権が存在しているのが判明します。さらに、裁判所は、執行官に現況調査命令を発して不動産の現況や占有状態などを調査させ、評価人に評価命令を発して不動産の評価額を鑑定させます。この結果、現況調査報告書と評価書が作成され、裁判所に提出されます。その後、不動産に関する権利などを記載する物件明細書が作成されます。

競売をする

　裁判所は、評価人の評価に基づき、不動産の売却基準価額を決定します。そして、現況調査報告書、評価書、物件明細書を誰もが閲覧できる状態にします。これらを閲覧に供して競売に参加することができるのです。

　競売の方法としては、競り売り方式と入札方式がありますが、1回目の競売では定められた期間内での入札方式（期間入札）が採用されています。競落人が決定し、その者が代金を納付したら所有権移転登記の手続きをします。

配当をする

　不動産の代金が納付されると配当段階に入ります。裁判所は、配当期日を指定し、申立人や届け出た債権者に対して、配当期日に配当を行うことを通知します。納付された不動産の代金ですべての債権を回収できない場合には、それぞれの債権者に対する配当額は、担保権の優先順位や債権額に応じて決定されます。

■ 不動産執行の主な手続きの流れ（期間入札の場合）……………

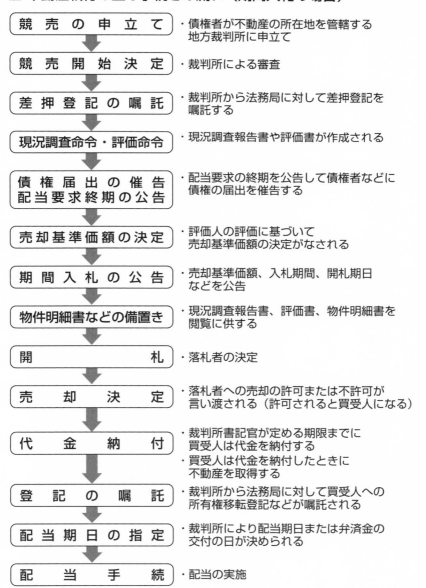

競　売　の　申　立　て	・債権者が不動産の所在地を管轄する 　地方裁判所に申立て
競　売　開　始　決　定	・裁判所による審査
差　押　登　記　の　嘱　託	・裁判所から法務局に対して差押登記を 　嘱託する
現況調査命令・評価命令	・現況調査報告書や評価書が作成される
債　権　届　出　の　催　告 配　当　要　求　終　期　の　公　告	・配当要求の終期を公告して債権者などに 　債権の届出を催告する
売　却　基　準　価　額　の　決　定	・評価人の評価に基づいて 　売却基準価額の決定がなされる
期　間　入　札　の　公　告	・売却基準価額、入札期間、開札期日 　などを公告
物件明細書などの備置き	・現況調査報告書、評価書、物件明細書を 　閲覧に供する
開　　　　　　　　　　札	・落札者の決定
売　　却　　決　　定	・落札者への売却の許可または不許可が 　言い渡される（許可されると買受人になる）
代　　金　　納　　付	・裁判所書記官が定める期限までに 　買受人は代金を納付する ・買受人は代金を納付したときに 　不動産を取得する
登　　記　　の　　嘱　　託	・裁判所から法務局に対して買受人への 　所有権移転登記などが嘱託される
配　当　期　日　の　指　定	・裁判所により配当期日または弁済金の 　交付の日が決められる
配　　当　　手　　続	・配当の実施

3 強制執行の財産の調査について知っておこう

第三者からの情報取得手続きが新設されている

十分な調査が不可欠である

　債務者がどのような財産をどこに保有しているのかを事前に調査しておくことは、強制執行にあたって不可欠な要素です。融資契約や売買契約を締結する際に、債務者の財産状態を聞き取っておくことも大切です。強制執行の対象となる財産によって、調査の方法はもちろん、調査すべき力点も異なってきます。

不動産の調査をする

　不動産の特徴は何といっても、登記によって世間一般に財産状態が公示されていることです。登記とは、不動産の情報を法務局にある登記簿という公簿に記録することをいいます。

　登記簿は誰でも見ることができます。登記簿を見れば、不動産の所有者や、その不動産に設定されている抵当権がわかります。このように、不動産の情報は隠すこともできませんし、不動産をめぐる他の法律関係も把握することができるので、他の強制執行の対象とは異なって、比較的調査はしやすいといえるでしょう。

預金債権の調査をする

　債権は、第三債務者（債務者が有する債権の債務者のこと）が確実な資産を保有している限り、強制執行の対象としては有効なものとなります。債務者が会社員である場合の勤務先、預金者である場合の銀行・信用金庫、事業者である場合の経営状態の良好な取引先は、確実に債権を回収するための第三債務者となります。

財産開示手続きとは何か

　金融機関が金銭の貸付けを行う場合には、抵当権などの担保権を設定するのが通常です。このように、最初から相手の財産がはっきりしていて、担保権を確保していればよいのですが、そうでないときは債権の回収が困難になるケースが多々あります。苦労して裁判で勝訴するなどしても、相手の財産の有無やその所在などがはっきりしていなければ意味がありません。そこで、民事執行法は債務者の財産を開示させる制度として「財産開示手続き」を設けています。

　しかし、従来の財産開示手続きは、債務者の自己申告によるもので、虚偽陳述をしても30万円以下の過料しか科せられないことから、強制力が弱く実効性に乏しい制度でした。そこで、2019年5月に民事執行法の一部が改正され、2020年4月から施行されています。具体的には、第三者から債務者の財産に関する情報を取得できる制度（第三者からの情報取得手続き）が新設された他、財産開示手続きについても、申立権者の範囲の拡大や罰則の強化がなされています。

第三者からの情報取得手続きとは何か

　執行裁判所は、申立てがあった場合に、銀行や証券会社などの金融機関、登記所、市町村、日本年金機構などに対して、債務者の財産に関する情報の提供を命ずることができます。この制度により、①法務局は債務者が登記名義人となる土地や建物に関する情報、②市町村や日本年金機構などは給与債権（勤務先）に関する情報、③金融機関は債務者名義の預貯金債権・上場株式・国債などに関する情報、をそれぞれ回答する必要があります。

　第三者からの情報取得手続きを申し立てる場合は、債務者の住所地（住所地がない場合には情報提供を命ぜられる者の所在地）を管轄する地方裁判所へ申し立てることが必要で、この地方裁判所が執行裁判所となります。そして、申立てができるのは、執行力のある債務名義

の正本を有する金銭債権の債権者と、債務者の財産について一般の先取特権（法律の定めによって発生する特殊な担保権）を有することを証する文書を提出した債権者です。なお、給与債権に関する情報については、養育費・扶養義務などに関する債権や生命・身体侵害による損害賠償請求権を有する債権者のみが申立てをすることができます。

財産開示手続きに関する改正のポイント

これまで財産開示手続きは、確定判決などを有する債権者に限定されており、同じ債務名義であっても、仮執行宣言付判決や仮執行宣言付支払督促、執行証書（期限内に返済しなければ債務者が強制執行に服することを認める文言が入った公正証書）を有する債権者は除外されていました。そのため、公正証書により金銭の支払いの取り決めをした場合は、財産開示手続きを利用できないという弊害がありました。

そこで、2019年5月の民事執行法改正では、申立てができる者を単に「執行力のある債務名義の正本を有する金銭債権の債権者」とし、申立権者の範囲を拡大したため、仮執行宣言付判決や執行証書などの場合にも利用が可能になりました。

また、従来は、債務者の虚偽陳述や出頭拒否の場合、30万円以下の過料（過料は刑事罰ではありません）しか科せられなかったため、強制力が弱いとの指摘がありました。そこで、2019年5月の民事執行法改正では、虚偽陳述や出頭拒否に対する罰則を6か月以下の懲役または50万円以下の罰金という刑事罰にすることで、手続きの実効性の向上を図ることにしています。

財産開示手続きの流れ

申立先は債務者の住所地を管轄する地方裁判所で、この地方裁判所が執行裁判所になります。過去3年以内に財産開示手続きが実施されている債務者に対しては、原則として財産開示手続きができません。

ただし、この場合であっても、債務者が一部の財産を開示していなかった、債務者が新しい財産を取得した、債務者と使用者との雇用関係が終了した、といった事情があれば、例外的に財産開示手続きが実施されます。

　申立ては、申立てができる債権者であることや申立て理由、証拠などを、申立書に記載して提出します。申立てを受けた裁判所は、財産開示手続開始を決定し、債務者を呼び出します。

　呼び出しを受けた債務者は、事前に財産目録を作成・提出した上で、指定された期日に裁判所に出頭します。出頭した債務者は、自分の財産について陳述し、これに対して債権者は裁判所の許可を得て質問をすることができます。

　なお、開示義務者である債務者が財産開示期日に出頭しなかった場合、財産開示手続は終了します。

■ 財産開示手続きの流れ ………………………………………………

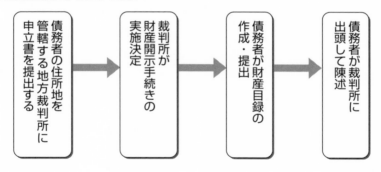

債務者の住所地を管轄する地方裁判所に申立書を提出する
→
裁判所が財産開示手続きの実施決定
→
債務者が財産目録の作成・提出
→
債務者が裁判所に出頭して陳述

4 抵当権・根抵当権について知っておこう

返済されないときに不動産を競売にかけることができる

抵当権とは何か

　抵当権とは、貸金などの債権（被担保債権）を担保するために、債務者の土地や建物に設定される権利です。債務者が債務を返済しない場合には、抵当権者（被担保債権の債権者）は、抵当権設定者（主に債務者）の土地・建物を競売（担保権の実行）し、その売却代金から債権の回収を図ります。抵当権には、抵当権設定後も抵当権設定者が従来通りに目的物を使用・収益することができ、そこから債務の弁済資金を得られるという利点があります。抵当権は「担保の女王」とも呼ばれ、担保としての機能が優れていることから、実務上多く利用されています。

抵当権の効力

　まず、抵当権の一番重要な効力が優先弁済権です。これは、債務者が返済しないときに、抵当権の設定された不動産を強制的に換価（競売）して、その代金から他の債権者に優先して債権の弁済を受けられるという効力です。

　さらに、抵当権の登記がなされているのであれば、抵当権の設定された不動産が第三者に売却されても、その不動産に対する抵当権の効力は第三者のもとにも及びます。

　また、抵当権には物上代位という効力も認められています。これは、抵当権の設定された不動産に代わる金銭に対しても、抵当権の効力が及ぶというものです。たとえば、抵当権の設定された建物が火災により滅失したために、火災保険金が債務者に支払われるとします。この

とき、抵当権者は、その火災保険金を差し押さえて、自己の債権への優先的な弁済に充てることができます。

抵当権の設定と物上保証

抵当権は、貸金債権などを担保するために設定されます。抵当権によって担保される債権のことを被担保債権といいます。

たとえば、AがBに5000万円の貸金債権を持っていたとします。これについて、抵当権を設定するには、AとBが抵当権設定契約を締結して、抵当権設定の登記をします。その結果、Aは5000万円を被担保債権とする抵当権をBに対してもつことになります。

以上が、原則的な抵当権の設定手順です。その後、Bが5000万円を弁済することによって、Aがもっていた抵当権が消滅します。

物上保証とは、債務者以外の第三者が所有する目的物に抵当権を設定することです。たとえば、AがBに対して5000万円の貸金債権をもっている場合に借り手であるB所有の不動産に抵当権を設定するのではなく、第三者Cが所有している土地にAの抵当権を設定することもできます。Cのように他人の債務を担保するために自己の不動産に抵当権を設定させる者を物上保証人といいます。Bが貸金債務を弁済しない場合には、AはCの土地を競売して、その売却代金から自己の債権を回収することができます。

抵当権の順位について

抵当権の順位とは、1つの不動産に複数の抵当権が設定されている場合の各抵当権に与えられる順位のことです。そして、その順位は抵当権の登記がなされた先後で決まります。

このような順位が問題となる理由は、1つの不動産に複数の抵当権が設定されている場合、競売がなされた際の売却代金が抵当権の順位に従って各抵当権者に支払われるからです。これを配当といいます。

つまり、配当の優先順位は、登記順位に従って決まるわけです。

たとえば、甲土地に第1順位の抵当権（抵当権者A、被担保債権5000万円）、第2順位の抵当権（抵当権者B、被担保債権3000万円）が設定されていたとします。

このとき、その土地の競落価格が7000万円だとすれば、その金額は、まず第1順位の抵当権者Aに5000万円が配当され、次に残りの2000万円が第2順位の抵当権者Bに配当されます。しかし、Bの残り1000万円については、無担保の債権となります。

以上のように、抵当権者にとっては、抵当権を設定した不動産の評価額だけではなく、自分の抵当権の順位も重要となるのです。

▌根抵当権について

根抵当権とは、一定の範囲に属する不特定の債権について、一定の限度額（極度額）まで担保する形式の抵当権です。

通常の抵当権とは、次のような違いがあります。通常の抵当権は、被担保債権が個別に特定されており、その債権を担保するために設定され、その債権が弁済などで消滅すれば抵当権も消滅します。

■ 抵当権の順位 ･･･

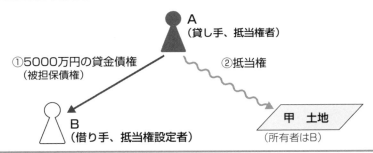

AはBと①貸金契約（金銭消費貸借契約）と②抵当権設定契約を結ぶ。Aを「抵当権者」、Bを「抵当権設定者」、5000万円の貸金債権を「被担保債権」という。

これに対して、根抵当権では、一定の範囲に属する不特定の債権であれば、個々の債権を特定することなく複数の債権を極度額に至るまで担保することができます。さらに、通常の抵当権とは異なり、被担保債権の金額がゼロになっても根抵当権は消滅しません。つまり、根抵当権では、極度額の範囲内であれば、被担保債権の額が日々増減してもよく、たとえ被担保債権の金額がゼロになっても再び増加する限りは、極度額までの担保権として働くのです。

　このように根抵当権は、継続的な取引をしている債権者が債務者に対する債権を一括して担保するのに有益な制度だといえます。

▌根抵当権を設定する

　根抵当権は、債務者に対する債権であれば何でも担保するのではありません。「一定の範囲」を決めて、その一定の範囲に属する債権であれば、増減したり入れ換わっても担保されます。

　たとえば、A社とB社が継続的に取引をしており、A社がB社に対して常に売掛金債権をもっているとします。そして、個々の売掛金債権が増減したり入れ換わったりするような場合には、根抵当権の被担保債権の範囲を「令和○年○月○日付継続的売買契約」というように

■ **根抵当権とは** ……………………………………………………

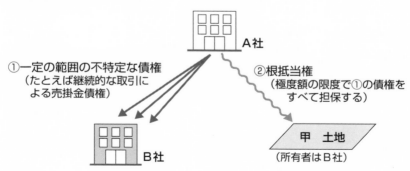

①一定の範囲の不特定な債権
　（たとえば継続的な取引に
　よる売掛金債権）

A社

②根抵当権
　（極度額の限度で①の債権を
　すべて担保する）

B社

甲　土地

（所有者はB社）

決定し、その契約から生じる債権を被担保債権とすることを根抵当権設定登記の内容とします。

　また、根抵当権は、設定者（債務者または第三者）の不動産に一定の担保「枠」を設定するものですから、担保する限度額（極度額）も根抵当権の設定に際して決めなければなりません。

　このように根抵当権の設定に際しては、どのような債権が担保されるのか（被担保債権の範囲）、および担保される限度額（極度額）を定める必要があり、これらは根抵当権の設定登記において登記すべき事項とされています。

■ 元本が確定すると通常抵当権と同じ

　根抵当権は、前述したように債権者と債務者との間で生じる一定の継続的取引に属する債権を極度額に至るまで担保する権利ですが、ひとたび元本が確定すると、抵当権と同様、特定した債権しか担保しなくなります。たとえば、極度額2000万円、債権者からの貸付金が1500万円、既に支払った額が800万円であった場合に、元本が確定すると、700万円の元本と、それに対する利息と損害金が根抵当権により担保されることになります。その後、債権者から追加融資を受けたとしても、当該根抵当権では担保されません。つまり、元本の確定とは、確定された時点で存在する債権のみを担保し、確定後に発生した債権については担保されないことを意味します。したがって、元本確定後は、通常の抵当権とほぼ同じ扱いをすればよいことになります。

　元本の確定が生じる原因として、債権者と債務者が確定期日を定めていたときは、その期日の到来により元本が確定します。確定期日を定めていなくても、債務者は根抵当権設定から３年経過後、債権者はいつでも、元本の確定を請求できます。この他、根抵当権者が競売を申し立てたときや、債務者または設定者が破産手続開始決定を受けたときも元本が確定します。

強制管理による執行について知っておこう

売却するよりも、管理権を奪って賃料から回収を図る

強制競売だけではない

　不動産に対する執行には、強制競売と強制管理の２つの方法があります。これらの手続は差押えの段階までは同じですが、その後が違ってきます。

　強制競売は、不動産を差し押さえて強制的に換価（競売）して、その売却代金を債権者に配当する方法です。これに対して、強制管理は、管理人を選任して不動産を管理させ、そこから上がる賃料などの収益を債務の弁済にあてる方法です。

　債権者はどちらかを選ぶことができますし、場合によっては、両方を併用することもできます。仮に併用した場合には、債務者が強制競売によって所有権を失うまでは、強制管理がなされます。

強制管理とは

　債務者が貸しビルなどを所有している場合には、売却するよりも確実に債権を回収できる方法があります。バブルの崩壊以降、不動産価格が下落し、それほど高い値段で売却できなくなっています。

　しかし、その一方で、オフィスや店舗用に賃貸している貸しビルなどでは、定期的に確実に賃料収益があります。そこで、賃貸不動産の管理権を債務者から奪って、賃貸料から債権の回収を図る強制執行が考案されました。これを強制管理といいます。

　強制管理は、強制競売と同様に、債権者からの申立てによって開始されます。申立てがなされ、裁判所の不動産強制管理開始決定がなされると、対象不動産が差し押さえられます。そして、差し押さえた対

象不動産を管理する管理人が選任されます。

　管理人は債務者の占有を解いて自ら不動産を占有することができます。この管理人には、信託会社や銀行などの法人もなることができますが、多くの場合、弁護士もしくは執行官が就任しているようです。

　裁判所は、対象不動産の所有者（主に債務者）に対して不動産の収益処分を禁止し、給付義務を負う第三者（賃借人など）に対しては、以後収益（賃料など）を管理人に給付するように命じます。たとえば、賃貸物件を強制管理の対象にした場合、その所有者である債務者は賃料を得ることができず、賃借人は、管理人に対して賃料を支払うことになるわけです。

　以上の手続きを経て、裁判所の監督の下、管理人が不動産から生じる収益を確保し、その収益を定期的に債権者へと配当していくことになります。

▍強制管理の申立てをする

　強制管理は、債権者からの申立てによって始まります。申立ては不動産強制管理申立書に必要書類を添付して提出します。不動産強制管理申立書の記載内容は、基本的には不動産強制競売申立書の記載内容と同様です。申立書本文に加えて、当事者目録、請求債権目録、物件目録を作成・添付するところも同じです。

　また、「不動産の収益を給付すべき第三者」として賃借人などの住所（法人の場合は主たる事務所の所在地）および氏名（法人の場合は名称）を記載します。さらに、その第三者が負担している給付義務の内容も記載します。具体的には、1か月あたりの賃料額などを記載することになります。

　ただ、この給付義務の内容は、債務者や賃借人に問い合わせないと債権者が正確に把握することは困難なケースが多く、債権者が強制管理を利用しにくい手続きだといえます。

6 担保権の実行について知っておこう

基本的な手続きは強制競売とあまり変わらない

基本的なしくみと2つの意味

ここでは、強制競売と担保権の実行の違いについて、少し説明します。たとえば、Aさんが裁判で勝訴し、「BはAに対し、金100万円支払え」との確定判決を得たとしましょう。この場合でも、AさんはBさんの家に行って、無理やり100万円の札束を奪ってくることは許されません。これを法律的には「自力救済の禁止」といいます。Aさんは勝訴した確定判決に基づき、強制執行（強制競売）の手続きを経て、やっと自己の債権を回収できるのです。

次に、Aさんが、Bさんにお金を貸す代わりに、Bさんの所有する不動産に抵当権を設定していたというケースで考えてみましょう。この場合でも、Aさんは抵当権を実行する（担保権の実行）ことにより、ようやく自己の債権を回収できます。

このように、一般に競売といっても、法律的には、前述した①強制競売、②担保権の実行という2つの意味があることをまず知っておきましょう。以下では、①強制競売と②担保権の実行は明確に区別して記述しますので、間違えないようにしてください。

強制競売と担保権の実行の違いはどこにあるのか

では、①強制競売と、②担保権の実行では具体的にどのような違いがあるのでしょうか。

確かに、強制競売も担保権の実行も、民事執行法という法律の中で規定されています。また、金銭の支払いを目的とする限りでは、双方の制度は共通している部分はあります。

しかし、以下の点で違いがあります。まず、国家の力によって強制的に債権を実現するといっても、強制競売の場合は、債務名義という文書が前提となっています。これは、債権が実在し、債務者が履行しない場合には、それを強制的に実現してもかまわないということを公に証明したものです。

一方、担保権の実行の前提となっているのは担保権の設定であり、ここでは当事者間での担保権設定契約が存在しているのが一般的です。もっともポピュラーなものは抵当権・根抵当権です。つまり、確定判決などの債務名義が前提とはなっていないのです。

また、両者は手続き開始までの手間も異なります。強制競売には原則として債務名義・送達証明・執行文といった書類が必要になりますから、手続きは簡単とはいえません。これに対し、担保権の実行では担保権の存在を証明する法定文書があれば、手続きを開始することができます。担保権の登記されている登記事項証明書もこの法定文書となりますので、担保権が登記されているのであれば、登記事項証明書の提出で足りることになります。

担保権の設定を受けているときには

不動産を競売にかけて、売却代金から配当により債権を回収する方法は、強制競売（強制執行）だけではありません。もともと不動産について抵当権などの担保権の設定を受けている債権者であれば、担保権の実行としての不動産競売手続を利用することができます。

① 強制競売との違い

強制競売は、債権者が既に獲得している債務名義を根拠にして、強制的に不動産を売却する手続きでした。

これに対して、担保権の実行としての不動産競売は、設定された担保権につけられている優先弁済権が根拠となっています。

② 強制競売との類似点

強制競売も担保権の実行としての不動産競売も、結局のところ不動産を競売にかけて売却し、その代金を元に債権の回収を図るという点では同じだといえます。しかも、債権者からの申立てに始まり、差押え→競売→配当という手順も異なりません。そのため、双方とも民事執行法で規定されていて、担保権の実行としての不動産競売の手続きは、強制競売の手続きを準用する形をとっています。

　この2つの競売手続は、もともと別の法律に規定されていたのですが、手続きの統一性を図るために、今では民事執行法で取り扱っています。ここでは強制競売と異なる点について説明します。

┃ 担保権を実行するための要件

　担保権を実行するための要件として、以下のものが挙げられます。

① 担保権が有効に存在すること

　当然のことですが、担保権の実行としての不動産競売の申立てにあたっては、担保権が有効に存在していなければなりません。

　第一に、担保権は債権を担保するためにこそ存在する権利なので、その前提として、被担保債権が存在していることが必要不可欠です。当初から被担保債権が存在しないのに、抵当権設定契約が結ばれていたとしても、その抵当権は無効です。いったん被担保債権が成立していたとしても、その後に弁済されたりしたため、被担保債権が消滅し

■ 強制競売・担保権の実行 ……………………………………………

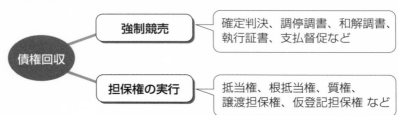

た場合には、抵当権も消滅します。

　もし、被担保債権が存在していないにもかかわらず、担保権の実行が申し立てられると、債務者（不動産の所有者）から異議が申し立てられて、競売開始決定が取り消されることになります。

　また、被担保債権が有効に存在していても、抵当権自体が有効に成立していなければ、担保権の実行は許されません。たとえば、詐欺や強迫などによって締結された抵当権設定契約が取り消された場合や、公序良俗違反などを理由に抵当権設定契約が無効とされた場合は、抵当権が有効に存在していないことになります。

　そして、担保権実行の申立てをする際に、担保権の存在を証明する書類を提出します。通常は、担保権の設定に伴い登記がされているはずなので、不動産の登記事項証明書を提出します。

　もっとも、担保権の設定について登記はあくまでも第三者に対して権利を主張するための対抗要件にすぎないので、登記がなくても担保権の実行を申し立てることはできます。しかし、未登記あるいは仮登記の担保権については、より強い証明力のある書類の提出が要求されます。たとえば、確定判決（不服申立てができなくなった判決）または公正証書の提出が必要です。この点については、以前は手続的にかなり緩やかだったのですが、現在では厳格な証明が要求されています。

② 　**被担保債権が履行遅滞にあること**

　①の担保権が存在することの必要不可欠な前提として、被担保債権が有効に存在していることを述べました。ただ、被担保債権については、有効に存在していればよいだけではなく、債務者が履行遅滞に陥っていることが必要です。履行遅滞は、単に債務者が期限を守っていないだけではなく、それが違法であることが必要です。

　また、債務が分割払いの形式をとっている場合には、期限の利益喪失約款が問題となります。

　たとえば、令和2年5月に120万円を借りたとします。同年6月か

ら12回払いで毎月10万円を返済し、期限の利益は、返済が2か月滞った場合に喪失すると定めたとします。同年7月までは順調に返済していたものの、同年8月から返済が止まり、同年9月も返済をしませんでした。2か月間返済が滞ったため、借り手は期限の利益を喪失しました。この場合、期限の利益喪失約款により、残りの債務額100万円を一括で支払わなければなりません。

　分割払いの支払形式をとっている契約では、この期限の利益喪失約款を採用しているケースが非常に多いようです。債務者に全額支払義務が生じるには、債権者による期限の利益喪失の意思表示が必要とされている場合と、意思表示は必要なく自動的に期限の利益喪失が生じる場合があります。期限の利益喪失により債務者が履行遅滞に陥っている場合には、そのことも申立書に記載して明確にしなければなりません。

　なお、根抵当権（132ページ）は、債権者と債務者間に発生する一定の範囲に属する複数の債権を、まとめて担保する機能をもっています。この被担保債権のうちの1つが履行遅滞になったときには、他の被担保債権すべてについて履行遅滞となります。根抵当権は、かなり強い効力を有しているのです。

■ 担保権の実行要件 ··

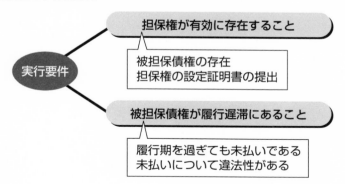

実行要件

担保権が有効に存在すること
被担保債権の存在
担保権の設定証明書の提出

被担保債権が履行遅滞にあること
履行期を過ぎても未払いである
未払いについて違法性がある

第三取得者への抵当権実行通知は不要である

抵当権が設定されている不動産も、売買や贈与などの対象とすることができます。そして、第三者に所有権が移転した後も、抵当権を実行して不動産を競売にかけることができます。

ただ、不動産を取得した第三者にも不動産の所有権を確保する機会を与えるべきという観点から、以前には滌除（てき除）という制度が用意されていました。これは、第三取得者が抵当権者に対して一定の金銭の提供を申し出ることによって、抵当権を消滅させることができる制度です。この制度では、第三取得者に滌除の機会を与えるために、抵当権の実行前に、第三取得者に対して抵当権実行通知をすることになっていました。

しかし、第三取得者が濫用することが多かったため、現在では滌除の制度が廃止されており、「抵当権消滅請求」という制度が導入されています（105ページ）。この制度では、第三取得者への抵当権実行通知が不要とされています。そのため、担保権の実行としての不動産競売の申立てにあたって、以前は必要とされていた実行通知の証明書も不要になっています。

■ 期限の利益喪失約款例 ···

> **第○条（期限の利益喪失）** 乙が次に掲げる事項の一に該当した場合には、甲は何らの催告をせず、乙において当然に期限の利益を失わせ、乙は、本契約によって甲に対して負担する一切の債務を直ちに弁済すべきこととする。
> ①本契約に基づく債務の支払いを1回でも怠ったとき
> ②他の債務につき仮差押、仮処分、または強制執行を受けたとき
> ③自己の振り出した手形、小切手が不渡りとなったとき

7 競売・任意売却のときも税金がかかる

売却時の所得には所得税や住民税などがかかる

どんな税金がかかるのか

通常の不動産売買と同じように、競売や任意売却などで不動産を売却したときも、譲渡所得税や住民税がかかります。住民税は、特別の定めがあるものを除き、所得税の計算を基礎として計算します。したがって、不動産の譲渡益により所得税が発生する場合には、通常は住民税も発生することになります。

もっとも、譲渡所得税は、売却によって得られた利益（譲渡益）に対して課せられる税であることから、不動産を購入したときの金額が、売却したときの金額を上回っている場合には、譲渡益が生じていませんから、譲渡所得税を支払う必要はありません。

また、競売や任意売却により譲渡益が生じても、所得税法9条に規定された「強制換価手続による資産の譲渡」などに該当するときには、その所得は非課税所得にあたり、その分の税金を支払う必要はありません。非課税所得となる条件としては、「資力を喪失して債務を弁済することが著しく困難」「譲渡に係る対価が債務の弁済に充てられた」などがあります。これは、手持ちの資産をすべて手放しても返済しきれないほど多額の債務を抱えており、他に資金調達をする手段もなく、売却代金から費用を差し引いた金額のすべてが債務の弁済に充当されたような場合のことを指します。

課税は所得に対して行われますから、売却代金（譲渡収入）から物件の取得に要した費用（取得費）や、物件の売却のために要した費用（譲渡費用）を差し引いた金額が実際の課税対象になります。税率は、物件の所有期間に応じ、所有期間が5年以下（短期譲渡所得）であれ

ば、税率は所得税と住民税を合わせて39.63％、5年超（長期譲渡所得）であれば、合わせて20.315％となるのが原則です。

▌居住用不動産には3,000万円の特別控除がある

「譲渡収入－（取得費＋譲渡費用）＝譲渡益」の算式で不動産を売却して得た利益（譲渡益）を求め、さらに、譲渡益から租税特別措置法などによる特別控除額を控除した残額が譲渡所得です。

譲渡益については所得税や住民税を納めることが必要ですが、税金を減らすための特別な控除があります。たとえば、居住用の建物（マイホーム）やその建物が建っている土地（敷地）を売却した場合は、譲渡益から3,000万円までが控除されます。したがって、マイホームやその敷地を売却して得た利益が3,000万円以下であれば、譲渡所得がゼロなので税金がかかりません。また、居住用の建物やその敷地の譲渡益が3,000万円以上であっても、物件の所有期間が10年を超えている場合は、3,000万円を超える課税部分に対してかかる税率が軽減されます（居住用財産の軽減税率の特例）。

なお、建物の取得費は、所有期間中の減価償却費相当額を差し引いて計算します。実際の取得費が譲渡価額の5％よりも少ないときは、譲渡価額の5％を取得費とすることができます。譲渡費用とは、売買契約書の印紙代、不動産業者に支払う仲介手数料など、不動産を売却するために支出した費用のことです。

▌作成した契約書には印紙税もかかる

不動産を売却した場合に作成される不動産売買契約書には、売買代金に応じた印紙税を納付しなければなりません。任意売却の際に作成される不動産売買契約書についても同様です。売主・買主双方で契約書を作成し、保存する場合には、それぞれの契約書が課税文書に該当しますので、それぞれの契約書に収入印紙の貼付が必要になります。

なお、平成26年４月１日から令和４年３月31日までに作成された不動産売買契約書については、印紙税が軽減されます。

長期譲渡所得の計算例

　実際に「８年前に購入した不動産の譲渡価額が１億円、不動産の取得費が3,500万円、譲渡費用が200万円」という条件で競売や任意売却をした場合の税額を計算してみましょう。本書では、所得税法９条や居住用財産に関する特別控除や軽減税率の特例の条件には該当しない場合として考えます。税額は「課税長期譲渡所得金額×15％（その他、住民税５％および令和19年までは復興特別所得税として所得税の2.1％）」により計算します。

　まず、課税長期譲渡所得金額は、１億円−3,500万円−200万円＝6,300万円となります。次に、税額は、所得税が6,300万円×15％＝945万円(ｱ)、復興特別所得税が945万円×2.1％＝19万8,450円(ｲ)、住民税が6,300万円×５％＝315万円(ｳ)となります。したがって、税額合計は、(ｱ)＋(ｲ)＋(ｳ)＝1,279万8,450円となります。

物上保証人と譲渡所得税

　物上保証人が所有する抵当権が設定された不動産を任意売却した場合、物上保証人は譲渡所得税を支払わなければならないのでしょうか。具体例を挙げて見ていきましょう。

■ 不動産売却時の税金 ……………………………………………………

所得税	→ 不動産の売却益に対して課税
住民税	→ 所得税の増加に応じて課税
印紙税	→ 不動産売買契約書の作成時に課税

債務者Ａの債務の担保として、物上保証人Ｂがその所有する不動産に抵当権を設定しているケースにおいて、債務者Ａが債務を弁済できなくなったために、その不動産を任意売却したとします。この場合、売却によって譲渡益が生じていれば、物上保証人Ｂは譲渡所得税を支払わなければならないのが原則です。

　しかし、そもそもＡの債務の弁済が不可能な状況となったために抵当不動産を任意売却することになったことを考えると、Ｂが譲渡所得税を負担するのは不合理といえるでしょう。また、Ｂはあくまで物上保証人であり、本来債務を負担するのはＡですから、Ｂは不動産を失ったとしても、Ａに対して求償権（債務者に対して債権者に支払ったお金を返せと請求する権利）を行使できます。ただ、不動産を任意売却せざるを得なくなったことを考えると、Ａに求償債務を弁済するほどの資力はないのが通常です。この場合は、Ｂが、不動産の売却代金をＡの債務の弁済に充当しており、かつ、Ａに対して求償権を行使しても回収の見込みがないのを証明することなどの条件を満たすことで、Ｂは譲渡所得税を支払わなくてもよいことになっています。ただし、事前に十分確認した方がよいでしょう。

■ 売却した居住用不動産にかかる譲渡税（原則）⋯⋯⋯⋯⋯⋯⋯⋯⋯

所得期間　短期	所得期間　長期	
5年以下	5年超10年以下	10年超
※3,000万円 特別控除あり 税率39.63% 所得税　　30% 復興特別 所得税　0.63% 住民税　　9%	※3,000万円 特別控除あり 税率20.315% 所得税　　15% 復興特別 所得税　0.315% 住民税　　5%	※3,000万円特別控除あり 譲渡所得6,000万円までは 税率14.21% 所得税　　　　10% 復興特別所得税　0.21% 住民税　　　　4% 譲渡所得6,000万円超は 税率20.315% 所得税　　　　15% 復興特別所得税　0.315% 住民税　　　　5%

第6章

住宅ローン返済と
債務整理の方法

1 ローンで首がまわらなく なったらどうする

借入可能額と返済可能額はまったく別物

早期に発見し、対策を考えるべき

　国際間の価格競争の激しさなどから、大企業が経費削減のために非正規社員を中心に大規模な人員削減を行うことや、中小企業が価格競争に負けて倒産していくといった状況があります。このような状況下では、住宅ローンが支払えず、手に入れたはずの自宅を競売にかけられてしまう人が増えるのも、当然に想定されるといえるでしょう。さらに、2020年に発生した新型コロナウイルスの大流行が世界の景気に多大な影響を及ぼしており、企業の倒産や大規模な人員削減などが増えています。

　たいていの人は、このようなニュースを聞いて「自分もそうなったら怖い」とは思っても、それが自分の身にふりかかるとは思っていないでしょう。しかし、ローンで首が回らなくなった人も、最初から「途中で払えなくなるかも」と思ってローンを組んだわけではありません。自分の収入の範囲内で払えると思ったからこそ契約したはずです。それでも、返済中に病気や事故、不況など予想し得ない困難が襲い、支払困難な状況に陥ることがあるのです。

　いったんローンの支払いが滞り始めると焦りから判断力を鈍らせ、冷静なときなら絶対に行わない行動、たとえば、金利の高い消費者金融から借り入れて住宅ローンを支払うなどといった行動に走ってしまいがちです。そうなると、簡単には元の状態に戻ることができません。このような事態に陥る前に、一刻も早く当事者自身がそのことに気づき、冷静に対策を考えなければなりません。

きちんと返済できるかの見きわめは自分しだい

住宅ローンを借りる先は、通常の場合、銀行などの金融機関です。気をつけたいのはローン担当の行員が常に借り手の身になってベストな方法を提案してくれるわけではないということです。

金融機関は慈善事業ではありませんから、相談をした場合には借り手に最も有利なローンではなく、金融機関が最も儲けることのできるローンを勧めてくることもあり得ます。借り入れる本人が、本当にそのローンを最後まで返済することができるか、金利プランにムリはないかどうかなどを検討しなければならないといえます。

借入可能額と返済可能額は違うことに注意する

住宅ローンは、向こう数十年にわたって毎月返済していかなければなりません。ローンを組んだ時は働き盛りであっても、返済の終了する35年後には退職して、つつましい年金生活をしている可能性が大きいわけですから、自分の人生設計に合わせてムリのないローン計画を立てる必要があります。

ローンを組んで住宅を購入する際に、私たちは借入可能額、つまり「いくら借りられるか」を重視しがちです。借入可能額は申し込む人の年収などから算出されますが、実はこの額と実際に毎月返済する

■ 借入可能額と返済可能額 ···

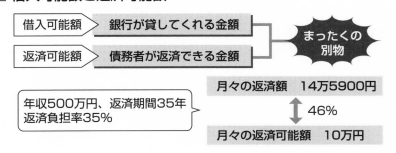

借入可能額 ▶ 銀行が貸してくれる金額
返済可能額 ▶ 債務者が返済できる金額

まったくの別物

年収500万円、返済期間35年返済負担率35%

月々の返済額　14万5900円
46%
月々の返済可能額　10万円

ことのできる額（返済可能額）との間には大きなギャップがあります。「どうせ借りるのだから」と借入可能額ぎりぎりまで借りてしまうと後々の返済が重くのしかかってくることにもなりかねません。

　ローンを組む前に、自分が毎月いくらまでなら返済できるのかを冷静に算出し、あくまでもこの範囲で買える物件を選ぶのが鉄則だといえるでしょう。住宅は大きな買い物であり、日常の金銭感覚が鈍ってしまうことが多いものです。「いくらまでなら借りられますよ」という言葉につられて予定よりも高い物件を選んでしまい、後から返済に泣くことになるケースも散見します。不動産業者や金融機関の甘い言葉に踊らされず、分に合った金額のマイホームを選ぶことが大切です。

　ここで、ケースを基に考えてみましょう。Ａさんの年収は500万円、返済可能額は毎月10万円とします。借入可能額は通常、年収に占める年間返済額の割合である「返済負担率」を基準に算出されます。金融機関では、返済負担率をおおむね年収400万円未満であれば30％以下、年収400万円以上であれば35％以下を目安に設定しています。

　では、Ａさんの借入可能額はいくらになるでしょうか。返済期間35年、年利２％、元利均等返済、返済負担率35％で計算すると、4402万円まで借入を行うことができます。年利４％にしても、3294万円まで借入可能です。ただし、毎月の返済額は、14万5900円となり、返済可能額を46％も上回ってしまいます。返済負担率を25％まで引き下げれば、借入可能額は3145万円（年利２％）〜2353万円（年利４％）、月々の返済額は10万4200円となり、返済可能額に近づきます。それでも１年あたり５万円も多く返済しなければならなくなります。

　このように、借入可能額と返済可能額はまったく別のものなのです。ですから、借入可能額に惑わされて住宅ローンを組んでしまうと、後から返済地獄に陥ることにもなりかねません。そこで、返済負担率を20〜25％に抑え、借入可能額ではなく、返済可能額を基準に借入額を決定することが大切になってきます。

2

どうしても返済できないときはまず何をする

ムリな返済は事態を悪化させる

どのような理由で返済できなくなるのか

　いくら長い期間をかけて少しずつ返済するといっても、月々の住宅ローンの返済額は家計の中で相当な割合を占めます。一般的には月々の収入の３分の１以下に抑えると余裕を持って返済できるといわれますが、生活をしていれば何かとお金は出ていきます。税金や車検の支払いなど、出費の時期がわかっているものであれば、ある程度計画的に積み立てることもできます。しかし、病気や事故、自然災害、感染症の流行といった突発的なことは、どのくらいの費用がかかるか予測がつきません。また、学費などの教育費はうなぎのぼりで、塾や習い事などにお金をかけようと思えば、いくらでもかけることができます。できればレジャーも楽しみたいし、新しい家電製品や家具、衣料も買いたいとなると、割合的には問題がなくても、住宅ローンの返済が重い負担であると感じるでしょう。

　とはいえ、住宅ローンはマイホームを手に入れるために必要な出費ですから、多くの家庭が最優先に支払いをしています。その分、食費や衣料費、遊興費といった別の出費を削る努力をしているはずです。ところが、そのような努力ではどうしようもない事情で、ローンの返済ができなくなることがあります。その主な要因として「収入の減少」「支出の増大」と「返済額の高騰」が考えられます。前者２つの原因としては、次のようなことが挙げられます。

① **契約者本人の失業**

　契約者本人が病気や事故、リストラ、会社の倒産、自然災害、感染症の流行などで急に失業したり、収入が激減すると、たちまち返済に

困ります。貯蓄があったり、失業等給付を受給できれば何とかなりますが、それらがなければ返済が困難になります。

② 一緒に返済していた家族の失業

たとえば、夫婦が共働きで、双方が稼いだお金を出し合って住宅ローンの返済をしている場合に、何らかの事情で、一方が退職することがあります。その後、退職せざるを得ない事情が解消されたので、新しい仕事を探し始めても、なかなか都合のよい仕事が見つからないといったことがあります。

③ 家族の病気や事故による医療費の増大や介護負担

同居の家族が病気になったり事故にあった場合はもちろん、別の場所に住んでいる両親の介護が必要になったという事態が起こると、莫大な医療費がかかったり、介護の人手が必要になって十分に働けず、家計が維持できなくなる危険性があります。

支払いが滞り始めたときの対処方法は

住宅ローンの返済が滞り始めた時には、適切に対処していくことが重要になります。対処方法は、返済能力が残っている場合と、返済自体が困難な場合とに分けて考えていく必要があります。間違っても、その場しのぎで、消費者金融やクレジット会社から借入れをしてはいけません。結果的に多重債務に陥り、事態を悪化させることになりかねないからです。以下、具体的な方法について見ていきましょう。

① 返済能力が残っている場合

返済能力が残っている場合は、借入先である金融機関に正直に現状を伝え、返済期間や返済額の変更を相談してみるとよいでしょう。リスケジュール（以下「リスケ」といいます）と呼ばれる手続きです。リスケが認められると、返済期間を延長して月々の返済額を減らしてもらったり、一時的に利息だけの返済にするなどして元金の返済を猶予してもらうことができます。もっとも、すべての状況で金融機関が

リスケに応じてくれるというわけではありませんが、失業状態が一時的だったり、ローン期間がそれほど残っていない場合などには、リスケを認めてもらえる可能性があります。

　次に、住宅ローン以外にも借入れがあり、他の借入れについて整理をすれば、住宅ローンの支払いが可能となる場合には、住宅ローンを除外して任意整理を行うか、もしくは住宅資金特別条項（住宅ローン特別条項）を利用した個人民事再生を行うことで、自宅を手放すことなく、生活の再建を図ることができます。

② **返済が困難な場合**

　どうしても住宅ローンの返済のメドがたたない場合は、残念ながら自宅を売却するのが現実的な方法です。通常、住宅ローンの滞納が続けば、抵当権を設定している金融機関が住宅の競売手続きを開始するよう申し立てることになります。ただ、競売での落札価格は相場の50％～70％程度で、競売されても住宅ローンの残債務が多くなる危険性があります。そこで、金融機関の同意を得て、任意売却をする方法が考えられます。任意売却であっても、ローン残高が売却価格を上回る場合は、借金が残り、これを返済する必要があります。しかし、競売に比べて任意売却では市場価格に近い価格で売れる可能性があるため、返済額は少なくなります。なお、売却後の残債務の返済ができないときは、債務整理を検討せざるを得なくなります。

■ **返済が困難になったとき** ……………………………………

3

住宅ローンが支払えない時の対策について知っておこう

収入の状況を踏まえた上で対策を立てる

競売で自宅を失わないためにも適切な対処が必要

住宅ローンを滞納すると、期限の利益を喪失し、最終的には金融機関などに競売が申し立てられ、自宅を失うことになります。そうならないためにも、適切に対処していく必要があります。

以下では、状況に応じて、考えられる対処方法を説明しています。

① 近い将来、収入が回復する見込みがある場合

病気やケガなどで仕事ができず、一時的に収入が減るか、あるいは失業したが、すぐに転職先が見つかる職種である場合など、近い将来に収入回復の見込みがあるときは、銀行などの金融機関との話し合いで、支払条件を変更してもらうリスケジュール（リスケ）という方法が考えられます（94ページ）。リスケをうまく利用できれば、競売によって自宅を失うことなく、住宅ローンの支払いを継続していくことができます。

② 住宅ローン以外の借金を整理すれば、住宅ローンの支払いが可能な場合

住宅ローン以外にも複数の借入れがあり、その返済が生活を圧迫している場合には、任意整理や個人民事再生（住宅ローン特別条項を利用した個人民事再生）という手続きを活用することで、住宅ローンの支払いを続けていける可能性があります。任意整理か個人民事再生かの選択基準は、債権者が協力的であるか否かに加え、債務がいくら残っているかによって決定されます。

任意整理は裁判所を介さない手続きであることから、債権者の協力が絶対要件になります。また、任意整理では、通常3年から5年で

残った債務を返済していくことになります。そのため、住宅ローンの返済額を差し引いて、毎月の返済額を計算し、その額を超えない範囲内である場合は任意整理をすることが可能であるのに対し、超過する場合は個人民事再生を検討することになります。たとえばAさんの残債務額が200万円の場合、任意整理では、毎月最低でも３万4000円の支払いが必要です。なお、個人民事再生では、Aさんの返済額の総額は100万円となり、これを３年で返済するのが基本となります。

③　返済メドが立たない場合

　どうしても住宅ローンの返済メドが立たない場合は、任意売却を進めていくことになります。任意売却も競売もともに、自宅を失うということに変わりはありませんが、任意売却であれば、競売よりも高値で売却でき、引っ越し代なども売却代金から支払われる可能性がある

■ 住宅ローンが支払えない時の対策 ……………………………………

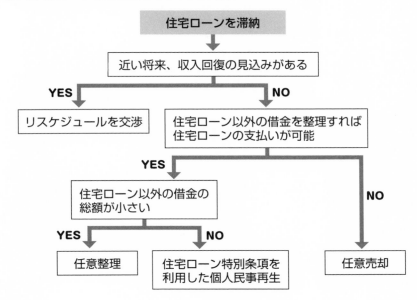

など、メリットも多く、また、売却してもなお債務が残る場合であっても、競売よりも少額ですむ可能性があります。なお、任意売却は競売手続き中でも債権者の同意があれば行うことができます。

税金を滞納すると自宅が差し押さえられることもある

　たとえば、不動産を所有していると固定資産税を支払わなければなりません。固定資産税の支払通知は市町村（東京23区内の場合は東京都）から3月頃に送られてきます。原則として、税金は破産しても支払義務がなくなりません。税金の滞納に対しては、役所も厳しい取立てを行ってきます。税金の滞納が続けば、不動産などの財産が差し押さえられる危険性があります。

　任意売却を検討している場合、その対象とする不動産に税金の滞納による差押登記がされていると、任意売却自体を行うことができなくなりますので、税金の滞納は避けるべきでしょう。どうしても支払うことができる見込みが立たない場合は、支払先の役所へ事情を説明するとよいでしょう。誠意をもって話せば、役所の方で分割払いなどの譲歩をしてくれることがあります。役所に相談もせずに税金を滞納することは絶対に避けましょう。

　なお、税金の滞納を理由として不動産が差し押さえられたとしても、租税債権に優先する他の債権があるため、差し押さえた不動産から税金を回収するのが困難である場合には、「無益な差押え」として差押えが解除される可能性があります（無益な差押えについては84ページを参照してください）ので、専門家に相談するようにしましょう。

4 住宅ローン保証会社の代位弁済について知っておこう

保証会社の抵当権が設定される

■ どのようなしくみになっているのか

　住宅ローンの借入れに際しては、銀行などの金融機関との間で締結する金銭消費貸借契約とは別に、金融機関が指定した保証会社との間で保証委託契約を締結するのが一般的です。保証委託契約とは、借主の返済債務を保証することを依頼する契約のことで、依頼を受けた保証会社は、債権者である金融機関との間で保証契約を結ぶことになります。これにより、債務者が住宅ローンの支払いを滞った場合には、保証会社は、金融機関に対し、債務者に代わってローン残額を返済する義務を負うことになります。

　では、具体的なしくみを見ていきましょう。住宅ローンの支払いが滞ると、債権者である金融機関は、支払いを促すために催告書や督促状を送ってきます。これを無視していると、最終通告となる「期限の利益の喪失予告通知」が送られてきます（期限の利益の喪失については95ページ参照）。この予告通知には、いつまでに支払わなければ期限の利益を喪失し、一括返済を請求することや、保証会社に代わりに支払ってもらうこと、および競売手続きなどの法的措置をとることなどが記載されています。住宅ローンの滞納から期限の利益の喪失までの期間は、3〜6か月程度です。この時点で、滞納分全額と遅延損害金を支払えば、まだ住宅ローンを継続させるチャンスはあります。しかし、支払いのメドが立たず、これも放置するようなことになれば、期限の利益は喪失し、保証会社が、債務者に代わってローン残額を金融機関へ支払うことになります。これを「代位弁済」といいます。

　もっとも、保証会社が代わりにローン残額を支払ってくれたからと

いって、債務が帳消しになるわけではありません。代位弁済をした保証会社は、債務者に対し、金融機関に立て替えたローン残額を支払うよう請求する権利（求償権）を取得することになるため、債務者は保証会社に対してローン残額を支払う義務があるのです。しかも、保証会社による代位弁済は、期限の利益喪失後になされるため、以後分割での支払いは認められず、ローン残額を一括で返済しなければなりません。一括返済ができない場合には、保証会社が抵当権を実行し、競売手続きを申し立てることになります。

　なお、代位弁済がなされると、債権者は金融機関から保証会社に代わり、それに伴い、不動産に設定された抵当権も、保証会社に移転しますが、抵当権を移転するには時間や費用（登記費用）がかかります。そこで、住宅ローンに保証会社がついているケースでは、抵当権移転にかかるコストを削減するため、あらかじめ保証会社を抵当権者として抵当権を設定しているというわけです。ただし、債務者は保証会社から住宅ローンの借入れをしているわけではありません。そのため、保証会社が抵当権を実行するためには、金融機関へ代位弁済を行い、債務者に対し求償権を発生させる必要があります（この求償権を被担保債権として抵当権が設定されます）。

■ 代位弁済のしくみ

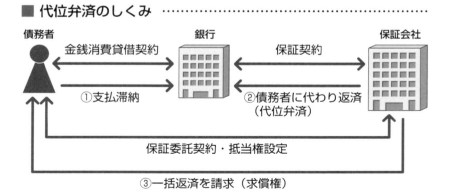

5 債務整理の方法にもいろいろある

自己破産だけがすべてではない

■ 引き直し計算で正しい借金額を把握する

　債務整理の前提として、まず正確な借金の残額を知る必要があります。住宅ローンの場合はあまりないかもしれませんが、個人で事業を営んでいて借金を抱えているようなケースでは、既に法外な利息を支払っている可能性があるためです。

　引直し計算とは、簡潔に言うと、借金を利息制限法の利率で計算し直し、利息制限法を超える利息を元金への返済に充てることです。この計算により、約定利率（貸金業者と契約した利率）が高ければ高いほど、また取引期間が長ければ長いほど借金額が減ります。場合によっては、借金の残額がゼロになった後も返済をしていたために、過払金が発生していることもあります。過払い金の処理を経て正確な借金の残額を把握した後に、債務整理を検討します。

■ どの債務整理の方法を選択するのかを検討する

　債務整理の方法は、大きく分けて、裁判所を利用する方法と利用しない方法とがあります。裁判所を利用しない方法は任意整理と呼ばれています。裁判所を利用する方法にも、①特定調停、②個人民事再生、③自己破産、というように何種類かあります。このうち個人民事再生は、事業者であっても個人事業であれば利用できます（会社などの法人は個人民事再生を利用できません）。

　なお、法人の場合は、裁判所を通さない任意整理で対処し、対処できないケースでは、事業継続の見込みがあれば通常の民事再生、見込みなければ破産となるでしょう。

任意整理や特定調停という方法もある

　住宅ローンの支払いが困難になった場合には、消費者金融からも借金をしているケースが多いようです。消費者金融からの借金を整理する場合も、個人民事再生や自己破産を利用することができますが、この他にも方法があります。裁判所を利用した手続きである特定調停と裁判所を利用しない手続きである任意整理です。

　特定調停は、お金の貸し借りに限定した民事調停です。調停は、任意整理で話し合いがこじれたり、あまり借金額が多くない場合（債務総額の２％〜３％が毎月返済できる程度）に分割返済について話し合う場として利用すると有効です。

　裁判所や調停委員を仲介者として、債権者と債務額や弁済方法の合意に至る制度ですので、特に法律知識がなくても利用することができます。ただ、裁判所や調停委員はあくまでも中立の立場ですから、すべて自分に有利にことが運ぶわけではありません。しかし、通常は、債務額や返済方法に関して、法律的に見て理にかなった結果となりますので、安心してこの制度を利用するとよいでしょう。

　特定調停は、支払不能（弁済能力がなくなったために、支払の期限が到来した債務を一般的・継続的に弁済することができないと認められる状態をいいます）に陥るおそれのある人などが生活や営業の再建ができるように作られた制度であり、簡易裁判所で行われます。

■ 任意整理手続きの流れ ……………………………………………

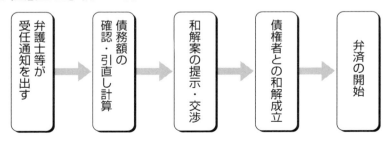

弁護士等が受任通知を出す → 債務額の確認・引直し計算 → 和解案の提示・交渉 → 債権者との和解成立 → 弁済の開始

調停が始まれば貸主からの取立ては止まります。手続としては、各簡易裁判所で用意している「特定調停申立書」の用紙に沿って、申立人、相手方、申立人の資産、申立人の生活状況といった必要事項を記載するだけですから、誰にでも始めることができます。

　調停申立てから調停成立までにおおよそ３か月程度かかるのが一般的ですが、費用は、申立時に裁判所に提出する収入印紙代と予納郵券（切手）となっています。印紙代は、借金の額によって異なりますが、わずかな印紙代と切手代ですみますので、任意整理や自己破産に比べると安く利用できる制度だといえます。

　また、特定調停は、債務者の経済的再生を図ることを目的としていますが、個別の債権者に対する交渉的色彩の強い手続きですから、全債務を整理するということはできません。一部の厳しい債権者を相手にするときは、この道を選択するとよいでしょう。

　ただ、調停が成立するためには、その内容について相手方である債権者の同意（承諾）が必要ですから、話し合いがまとまらないと意味がありません。この点は任意整理と同じです。

　一方、任意整理とは、裁判所などによる法的な手続きを利用しないで、債権者と直接、利息のカットや返済方法の組み直しなどを交渉す

■ **特定調停手続きの流れ** ･････････････････････････････

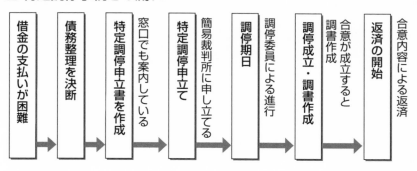

借金の支払いが困難 → 債務整理を決断 → 特定調停申立書を作成 窓口でも案内している → 特定調停申立て 簡易裁判所に申し立てる → 調停期日 調停委員による進行 → 調停成立・調書作成 合意が成立すると調書作成 → 返済の開始 合意内容による返済

ることをいいます。任意整理というと、何か決まったやり方があるように思っている人もいるかもしれませんが、そうではありません。債権者と債務者が話し合って、双方にとって折り合いがつけられる返済方法を見つけ出すものです。任意整理では、債権者の同意および協力を得て、借金を減額してもらうか、その返済条件を変更してもらったりすることになります。

　任意整理においては、複数の債権者と交渉する必要があります。交渉にはかなりの精神的な負担を強いられる上、交渉能力も必要なので、なかなか債務者自身が行うのは大変です。一定の法律知識が必要なので、弁護士や認定司法書士などの専門家に任せることになります。

　弁護士や認定司法書士が債務者から委任を受けて、債権者の同意を取りつけながら借金を整理していく手続きですから、強硬な債権者がいる場合にはなかなか話がまとまりません。一般には債務者の返済能力を考え、3〜5年程度で分割払いなどの返済計画を立て、債権者との妥協点を探っていきます。

■ 個人民事再生について

　任意整理や特定調停は、ともに債務整理をするにあたって効果を発揮する手続きですが、問題点もあります。まず、任意整理は裁判所を通さない話し合いですから、債権者が話し合いに応じる姿勢を見せないと、その効果が発揮されません。債権者が話し合いに応じなければそれまでなのです。これに対し、特定調停は裁判所を通した話し合いですが、やはり債権者が話し合いに応じないと手続きが進みません。中立的な機関である裁判所が関与することから、債権者が話し合いに応じる可能性は高まるといえますが、債権者が話し合いに応じなければそれまで、というのは任意整理の場合と同じです。

　このような場合、債務者は個人民事再生を申し立てるのがよいでしょう。個人民事再生は、債務者が破産する前の再起・再建を図るた

めの手続きです。具体的には、債権者に対し、既存の債務の一部を支払い、残りの債務は免除してもらいます。債権者に支払う一部の債務も、返済方法を定めた再生計画に従って、原則３年以内で支払います。特に住宅ローンがある場合は、再生計画に住宅資金特別条項（住宅ローン特別条項）を設けて、住宅ローンはこれまでどおり支払いながら（返済期間の延長や元本猶予などもできます）、他の債務を圧縮して支払うことができ、これにより住宅を失わずにすみます。個人民事再生の手続きを利用すれば、すべての債権者の合意が得られなくても、裁判所の認可を受ければ再生計画に反対する債権者がいてもその効力が及び、債務者は再生計画に従って返済をしていくことになります。

■ 最後に破産を検討する

　任意整理、特定調停、個人民事再生による債務整理を検討したものの、どうしても借金を返すことができない場合には、破産を考えるしかありません。破産とは、簡単にいえば、借金を返せない状態であるということを裁判所に認定してもらう制度です。債務者自らが裁判所に破産申立てをして破産手続開始決定、免責許可の決定を受けることにより、債務者の負っている借金を免除してもらうのが自己破産です。年収の何十倍もの借金を背負って、どうにもならない人にとっては、まさに究極の債務整理法だといえるでしょう。

　なお、裁判所から免責許可の決定を出してもらうことで、借金の支払義務を免れます。ただ、弁護士や公認会計士などの一定の資格については、破産手続開始決定の時から免責許可の決定が確定するまで、その資格を使った仕事ができなくなりますので注意が必要です。

■ 個人民事再生と自己破産

　住宅ローンが支払えなくなった場合には、特に未払いの残額が多いときは個人民事再生または自己破産を選択することになるでしょう。

個人民事再生は再生型の債務整理法、自己破産は清算型の債務整理法といわれます。破産を選択した場合には、債務者の財産が清算されるので、自宅を失うことになります。一方、個人民事再生を選択した場合には、住宅資金特別条項を定めることによって自宅を守ることができます。どちらも裁判所を通した手続きです。

このように、自己破産は財産を清算し、債権者に支払う制度なので、これを選択すると自宅を失うことになります。そのため、自己破産をすることに抵抗がある人もいると思います。

しかし、自己破産をしても、すぐに自宅から出て行かなければならないわけではありません。自己破産をすると所有する不動産は競売にかけられることになりますが、通常、買い手が売買代金を支払うまでは住み続けることができます。場合によっては、破産手続開始の申立てをしてから自宅を出て行かなければならなくなるまで1年以上かかることもあります。自宅を失うのは大きなショックでしょうが、こうした時間を利用して、次に住むところを探し、生活を建て直すことも十分に可能です。

■ 考えられる債務整理法

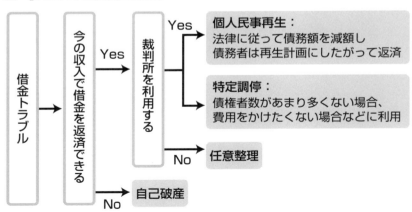

Q 新型コロナウイルス感染症の影響で、住宅ローンやカードローンなどの返済に困っていますが、何等かの救済措置はないのでしょうか。

A 新型コロナウイルス感染症の影響を受け、住宅ローン債務の返済に行き詰った債務者を救済するために、金融庁は、銀行に対し債務者からのリスケジュールなど返済猶予のための条件変更の相談に応ずるよう通達を出しています。債務者からのリスケジュールの相談があれば対応してもらえる銀行も多いので、まずは、銀行などに相談してみるのがよいでしょう。

　支払不能やそのおそれが生じるなど、自己破産などの法的整理の要件に該当する場合には、個人・個人事業主の債務整理を行い、自助努力による生活や事業の再建を支援する「自然災害による被災者の債務整理に関するガイドライン（自然災害債務整理ガイドライン）」の特則（新型コロナ特則）の利用を検討してみましょう。特則では、簡易裁判所の特定調停の手続きを利用します。一定の要件を満たす場合、住宅ローンやカードローンなどの債務を抱える個人・個人事業主は、住宅を手放すことなく、住宅ローン以外の債務の免除・減額を申し出ることができます。たとえば、以下のような状況にある個人・個人事業主が、一定の要件を満たすことで、特則を利用することができます。

・新型コロナウイルス感染症の影響で、失業や収入減少により、ローンが返済できない。

・資産より負債が多く、将来の収入の見通しが立たず返済できない。

・住宅ローンに加え、新型コロナウイルス感染症の影響で、カードローンなど、その他のローンの負担が大きくなり返済できない。

・事業を廃業して再スタートしたいが、債務を返済できない。

●新型コロナ特則が適用される対象債務と手続き

　特則における対象債務は、①2020年2月1日以前に負担していた既

往債務と、②2020年2月2日以降、特則の制定日（2020年10月30日）までに新型コロナウイルス感染症の影響による収入や売上などの減少に対応することを主な目的とする、ⓐ政府系金融機関の新型コロナ感染症特別貸付、ⓑ民間金融機関における実質無利子・無担保融資、ⓒ民間金融機関における個人向け貸付、などの貸付などを受けたことに起因する債務の存在が必要です。

　債務の免除をしてもらうためには、一定の要件（債務者の財産やコロナ影響前後の収入状況、信用、債務総額、返済期間、利率といった支払条件、家計の状況などを総合的に考慮して判断）を満たすことや、ローンの借入先の同意が必要となります。

　特則を利用したい場合には、最も多額のローンを借りている金融機関等に対し、特則の手続着手を希望することを申し出ます。その後、専門家による手続支援を受けながら、金融機関等との協議を通じて、債務整理の内容を盛り込んだ調停条項案を作成します。そして、特定調停の手続きにより調停条項が確定すれば、債務整理の成立です。

■ 自然災害債務整理ガイドラインの手続き ……………………

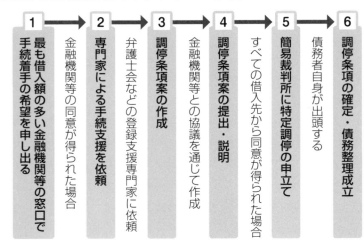

1 最も借入額の多い金融機関等の窓口で手続着手の希望を申し出る
金融機関等の同意が得られた場合

2 専門家による手続支援を依頼
弁護士会などの登録支援専門家に依頼

3 調停条項案の作成
金融機関等との協議を通じて作成

4 調停条項案の提出・説明
すべての借入先から同意が得られた場合

5 簡易裁判所に特定調停の申立て
債務者自身が出頭する

6 調停条項の確定・債務整理成立

支払不能になっているかどうかを確認する

債務者の財産・職業などケース・バイ・ケースで判定する

破産原因があることが破産手続開始決定の条件である

　借りたお金はきちんと返す、これが原則です。返せるものはできるだけ返すという方がいいのです。その意味でも、借金があれば、誰でも破産の申立てができるということにはなっていません。しかし、どうしても返済できなければ、仕方ないでしょう。

　裁判所から破産手続開始決定を受けるためには、破産原因がなければなりません。破産原因とは、債務者の財産状態が悪化していること、つまり支払不能になることです。

　支払不能とは、弁済（返済）能力がなくなったために、弁済期（支払の期限）が到来した債務を一般的・継続的に弁済することができないと認められる状態をいいます。端的に言えば、借金が多すぎて動きがとれなくなってしまった状態をいいます。

弁済（返済）能力がなくなったことの意味

　上記の支払不能の定義における、債務者に「弁済（返済）能力がなくなった」というのは、信用・労力・技能によってもお金を調達することができない状態であることを意味します。債務者に財産がなくても、信用・労力・技能といった目に見えない資産によって弁済を続けることができる場合には、まだ弁済能力がなくなったとはいえません。反対に、債務者に財産があっても、すぐにお金に換えることが困難なために、お金を調達できない状態にあれば、債務者に弁済能力がなくなったといえることになります。

　なお、債務者の信用によってお金を調達するといっても、たとえ

ば「別の貸金業者から借りてきて返済資金を工面する」ということが、債務者に弁済能力があることにならないのは、言うまでもありません。

また、支払不能というためには、債務者が「一般的・継続的に弁済できない」という状態であることが必要で、一時的に手元不如意で支払いができなかったとしても、支払不能とはいえません。

さらに、支払不能は債務者の客観的な財産状態を指します。たとえば、債務者が「こんなに生活を切り詰めるのでは、借金の返済はムリだ」と思っているだけでは、必ずしも支払不能とはいえません。客観的に見たときに、債務者が生活を切り詰めて何とかやりくりしても、一般的・継続的に弁済ができないという状態にあることが必要です。

ところで、個人事業の融資や住宅ローンの返済で困っている個人が「破産する前に何とか手を打とう」というのが、後述する個人民事再生（175ページ）です。個人民事再生においては、「支払不能のおそれ」があることが手続開始のポイントになりますから、この支払不能ということは、債務整理を考える上で、ひとつのキー・ワードになります。

支払不能の判断は難しい

支払不能の判断は、実は、それほど簡単なものではありません。債務者の財産・職業・給与・信用・労力・技能・年齢や性別など、さまざまな事情を総合的に考慮して、ケース・バイ・ケースで支払不能といえるか否かが判定されます。

個人の場合であれば、現在は債務者にめぼしい財産がなかったとしても、将来的には借金を返せるだけのお金を稼げるようであれば、支払不能とは判定されません。逆に、現在はかなりの収入がある場合でも、病気などによって、将来、収入が減ることが確実な場合であれば、支払不能と判定されることもあります。

また、負債の額はそれほどでもない場合でも、さまざまな事情で収

入が極端に低い場合には、支払不能と判定されることもあります。た
とえば、債務者が生活保護を受けているようなケースでは、総債務額
は低額で、しかも債権者の数が少なくても、支払不能と判定されるこ
とが多いでしょう。

　クレジット・カードや消費者金融からの借金である場合には、これ
らの金利は現在では、おおよそ年利15％前後でしょうから、債務総額
が350万円〜400万円であれば、毎月の利息の支払いだけでも返済開
始当初は４〜５万円程度になります。負債がこれくらいになれば、月
収18万円程度の会社員の場合であれば、他に特別な財産でもない限り、
支払不能の状態にあるといえるでしょう。

　ただ、一応の目安としては債務者の収入や財産・信用などを考慮し
て、仮に分割払いにしたとしても、おおむね３年〜３年半程度で借金
を完済できないと思われる場合には支払不能と判定されます。また、
負債総額が毎月の収入の20倍を超えるようになっていることも、一応
の支払不能の目安になります。

■ 支払不能の判断基準 ···

□ 債務総額が月々の収入の20倍を超える
□ 3年程度で返済するのが不可能
□ 返済するには新たに高金利の債務を負担しなければならない
□ 全財産を売却し返済に充てても返済できない
□ 債権者との交渉で返済方法を緩和してもらっても返済できない

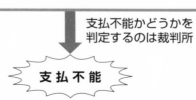

支払不能かどうかを
判定するのは裁判所

支 払 不 能

ただし支払不能になるかどうかはケース・バイ・ケースで判定される

Q 弁護士や認定司法書士に債務整理を依頼するための費用がないときはどうしたらよいのでしょうか。

A 自己破産の申立てなど、債務整理の費用の分割払いに応じている専門家は少なくありませんから、まずは依頼しようとする弁護士等に聞いてみるとよいでしょう。また、弁護士費用を払うのが難しい場合には、民事法律扶助という制度を利用する方法もあります。これは日本司法支援センター（法テラス）の業務のひとつで、資力の乏しい人が、弁護士や司法書士などの費用の立替えを受けられる制度です。資力（世帯ごとの月収や自分または配偶者が所有している財産）が一定以下であれば、民事法律扶助を受けることができます。資力が一定以下であるかどうかの判断の際には、自宅や係争物件は含まれないことになっていますから、不動産を所有している人であっても、民事法律扶助を利用できる可能性は十分にあります。さらに、住宅ローンを負担しているような場合には、世帯ごとの月収の条件が緩和されるという措置もあります。

　ただ、民事法律扶助は、あくまでも「立替え」ですので、後々、弁護士や司法書士の費用を分割払いで法テラスに返していかなければなりません。月々の返済額は、5000円から1万円が基準ですが、返済が厳しい場合には、それよりも低い額で設定してもらうことも可能です。また、生活保護を受給している方については、立替金の返済が免除される可能性があります。

　なお、制度を利用した場合の弁護士費用や司法書士費用については基準が定められており、一般的には、通常の弁護士費用や司法書士費用より低額だといえます。ただし、法テラスが立て替えてくれるのは、あくまでも弁護士費用や司法書士費用であり、生活保護受給者を除き、自己破産の予納金については立替えの対象とはなりませんので注意してください。

第7章

個人民事再生のしくみ

1 住宅ローンなどの債務を圧縮する方法はある

個人民事再生を利用することで返済を楽にする

個人民事再生を利用する

　返済が難しくなった債務の残額が多く、自宅を失うことが避けられない場合には、競売であろうが任意売却であろうと債務者にとっては関係がないように思われます。しかし、任意売却は競売に比べて、高く売れる可能性が高いため、破産にまで至らない状態であれば、任意売却を利用し、返済の足しにするとよいでしょう。

　また、個人民事再生も同時に利用すると、さらに返済を楽にすることができます。個人民事再生とは、個人の債務者が債権者との話し合いに基づいて、債務者が完全に破たんする前に再生を図ることをめざした制度です。個人民事再生には、小規模個人再生と給与所得者等再生の2つの手続きがあります。

　そして、住宅ローンに関する特則（住宅資金特別条項）は、小規模個人再生や給与所得者等再生と併用して利用することができます。住宅ローンだけでなく、他にも債務がある場合に、自己破産をすると自宅を失うことになります。このような場合に、個人民事再生の手続きを利用すると、住宅ローンの支払期限などを延長し、それ以外の債務は大幅にカットすることができます。具体的には、個人民事再生を利用する際、住宅ローンに関する特則を併せて利用することで、住宅ローンを抱えた債務者が返済に窮するようになっても、住宅ローンは従来どおり返済するか、返済スケジュールを組み直すなどして支払いを継続すれば、一度手に入れた自宅を失わずに再生できることになります。

　たとえば、任意売却後の住宅ローンの残債務が500万円、他の債務

が200万円、合計700万円の債務があった場合、小規模個人再生の手続きを利用すれば、債務額を700万円の５分の１である140万円に圧縮することができ、この140万円を原則として３年間で弁済すればよいのです。ただし、小規模個人再生を選択しても、自分の財産が140万円を超える場合には、その財産額（財産額が700万円を超える場合は700万円）を弁済しなければなりません。また、上記と同じケースで給与所得者等再生を選択した場合には、自分の財産が140万円を超えなくても、140万円を超える金額を弁済しなければならないことがあります。給与所得者等再生は、再生計画の決定について債権者の決議が不要であるため、その反面として弁済額が高くなることがあるといえるでしょう。

　なお、個人民事再生は、住宅ローンなどの債務額を除いた無担保債

■ 任意売却と個人民事再生を利用した債務の圧縮方法 …………

住宅ローンの残債務　2500万円
他の債務　200万円

↓

任意売却により自宅を2000万円で売却

↓

任意売却後の住宅ローンの残債務　500万円
他の債務　200万円

↓

個人民事再生により700万円を140万円に圧縮

↓

140万円を3年間で返済

↓

年間約47万円を返済すればよい

務の総額が5000万円以下でなければ利用できません。そして、任意売却後の住宅ローンの残債務は、ここにいう「住宅ローンなどの債務額」に該当しないので注意が必要です。たとえば、任意売却後の住宅ローンの残債務が1000万円、その他の無担保債務額の合計が4500万円である場合、「住宅ローンなどの債務額を除いた無担保債務の総額」は5500万円となるため、この場合は個人民事再生の利用ができません。

■ サービサーに債権が譲渡されることは不利ではない

　任意売却や競売を行っても債権が残った場合、債権者が最後にとる手段は、その債権をサービサー（債権回収会社）に譲渡することです。サービサーとは、債権回収を専門に行う会社のことです。

　サービサー自体について不信感を抱いている人もいるかと思いますが、法務大臣が許可（債権管理回収業の営業の許可）を与えた機関ですので、債権の回収についての適法性は認められています。トラブル発生時にも、的確な対応が行われるので、債権の回収作業に伴うリスクを軽減できるといったメリットもあります。債権者から債権を譲り受けたサービサーは、もともとの債権者から買い取った額面より多くの金銭を債務者から回収しようとします。実際は、二束三文で債権を買い取るので、サービサーとの交渉次第では、返済額を減らすことができる可能性があります。

　サービサーは、もともとの債権者とは違い、残りの債権をすべて取り立てようとはしません。サービサーに譲渡される債権のほとんどは、もともとの債権者が取立てをあきらめたものだからです。サービサーとしては、いくらかでも回収できればよいという考えなのです。そのため、交渉次第ではかなりの額まで返済額を減らすことができます。債務者としては、支払える金額を提示し、交渉をしていくとよいでしょう。交渉次第では分割支払いをすることもできますが、一括支払いにすると、返済額をより減らしてもらえることがあります。

個人民事再生とはどんな手続きなのか

予納金も安く手続きも簡単である

通常の民事再生よりも債権者の関与は少ない

　個人民事再生は、通常の民事再生と比べてみると、その手続きがシンプルでしかもスピーディなものになっています。

① **簡略化された手続で、短期間で終了することも可能**

　通常の民事再生は、会社更生法などの他の倒産処理手続に比べれば、確かに迅速で機能的な手続きとなっていますが、それでも複雑な面があるといわれていました。個人民事再生は、さらに手続きを簡略化して、利用しやすいものとなっています。たとえば、通常の民事再生では、債権者集会を開かなければなりませんが、個人民事再生ではその必要はありません。

② **予納金が低く抑えられている**

　通常の民事再生を申し立てた場合には、原則として、その手続きを監督する監督委員を置くための費用として、最低でも200万円程度の予納金を裁判所に納める必要があります。これに対し、個人民事再生では、監督委員や管財人をつけずに、申立人本人が中心となって手続きを進行していきますので、その分予納金は低く抑えられています。

　なお、個人民事再生では、裁判所の補助的な役割をする者として個人再生委員が選任されることがあります。個人再生委員の報酬として、各裁判所によって違いがありますが、だいたい15万円〜25万円程度の予納金が必要になります。

③ **債権者の負担を軽減した**

　通常の民事再生手続きでは、債権者がそれぞれの債権額を裁判所に届け出ます。債権額を争う場合には、それを確定するために訴訟をし

なければなりません。また、再生計画案を決議するについても、債権者が積極的に手続に同意するという意思表示をする必要があります。

　これに対し、個人民事再生では、基本的には手続きに異議のない債権者の意思表示は必要ありません。個人民事再生の手続きは、通常の民事再生の手続きよりも債権者の関与が少なく、申立てをした債務者主導で手続きが進行していきます。別の側面からいえば、それだけ債権者が納得できる再生計画を作成する必要があります。これに対処するために、手続きを利用できる人を制限したり、通常の民事再生よりも多くの要件を設けたりしている部分もあります。

個人民事再生の３つの柱

　個人民事再生は、①小規模個人再生、②給与所得者等再生、③住宅ローン（住宅資金貸付債権）に関する特則という３つの柱によって成り立っています（次ページの図参照）。

　小規模個人再生と給与所得者等再生は、住宅ローンなどを除いた無担保の債務総額が5000万円以下の場合に利用できる手続きです。5000万円を超えている場合や、後述する一定の要件を満たさない場合には、これらの手続きは利用できません。どちらの手続きも個人だけが利用できます。そして、住宅ローンに関する特則は、小規模個人再生または給与所得者等再生の再生計画案に住宅資金特別条項を定める形で利用します。

小規模個人再生

　小規模個人再生の手続きは、個人で商売をしている場合や、会社勤めをしている場合のように、継続的または反復的に収入を得る見込みがあって、住宅ローンなどを除いた無担保の債務総額が5000万円を超えない個人が利用できます。ここでいう債務は、無担保の債務をいいます。たとえば、債務総額が7000万円あっても、そのうち2500万円分

の債務に抵当権が設定されている場合には、小規模個人再生の手続きの対象になります。

　小規模個人再生では、3年間（特別な事情があれば5年間）で弁済するのが原則です。また、再生計画の認可決定には、債権者集会の開催は不要ですが、債権者の書面による決議が必要になります。

▎給与所得者等再生

　会社員のように給与などの定期的な収入が見込め、その収入額の変動の幅が少なく、住宅ローンなどを除いた無担保の債務総額が5000万円以下の個人であれば、給与所得者等再生が利用できます。

　給与所得者等再生の手続きでは、再生計画案を提出する前2年間の可処分所得額を3年間で弁済するのが原則です。可処分所得とは、収入額から生活維持費の額（その算定方法は政令によって定められています）を差し引いた額のことです。小規模個人再生と異なり、再生計画の認可決定にあたって債権者の決議が不要です。

■ 個人民事再生のしくみ ……………………………………

小規模個人再生

　　継続または反復した収入のある個人の債務者が対象

給与所得者等再生

　　会社員のように定期的な収入を得る見込みがあり、
　　その収入額の変動幅が少ない個人の債務者が対象

住宅ローン（住宅資金貸付債権）に関する特則

　　民事再生手続きの際にこの特則を受ければ、住宅ローンを
　　抱えた個人が自宅を失わずに再生できる可能性が高くなる

※住宅ローンに関する特則については、小規模個人再生または給与所得者等再生の
　再生計画案に住宅資金特別条項を定める形で利用する

住宅ローン（住宅資金貸付債権）に関する特則

　住宅ローンを抱えた債務者が返済に窮するようになった場合でも、住宅ローンについては従来どおり返済するか、返済スケジュールを組み直すなどして返済を継続すれば、一度手に入れた住宅を失わずに再生できるという制度です。住宅ローンに関する特則は、通常の民事再生でも個人民事再生でも、民事再生の手続きを申し立てた個人であれば利用できます。再生計画の中で住宅ローンの返済方法を組み直し、再生手続きの認可要件を充たせば、その後は変更された内容の住宅ローンを返済することになります。

　住宅ローンやクレジット会社、消費者金融などからの借金によって多額の債務を抱える個人債務者は、調停や任意整理で話がつかない場合、最終的には自己破産するしかありません。しかし、破産すれば、せっかく手に入れた住宅も結局は失うことになってしまいます。この点、個人民事再生を活用できれば、住宅を失わないで借金を整理することも可能なのです。

■ 小規模個人再生と給与所得者等再生の違い ·····················

小規模個人再生	給与所得者等再生
個　　人	
無担保債務の総額5,000万円（住宅ローンなどを除く）以下	
再生計画の決定には債権者の書面決議が必要	再生計画の決定に債権者の決議は不要
３年間で弁済（特別な事情があれば５年間）	再生計画案提出前２年間の可処分所得額を３年間で弁済

3

小規模個人再生の対象債権はどうなっているのか

再生手続の対象から除かれる債権もある

一般優先債権と共益債権は再生債権ではない

通常の民事再生でも個人民事再生でも、整理の対象となる借金など
は再生債権と呼ばれます。再生債権は「再生手続開始前の原因に基づ
いて生じた財産上の請求権」です。一言でいえば、債務者が負ってい
る借金などが再生債権に含まれますが、いくつか再生債権から除かれ
る債権（債務者にとっては債務）があります。

まず、一般優先債権が除かれます。再生手続のために裁判所に納め
る手数料や所得税・住民税などの租税、健康保険料、国民年金保険料、
罰金や科料、過料がそうです。事業主として人を雇っている場合の未
払賃金も一般優先債権にあたります。これらの一般優先債権は、再生
手続とは別個に、債務者は随時返済しなければなりません。

次に、共益債権も除かれます。共益債権は再生計画の遂行のために
必要な費用などです。債務者が事業を営んでいる場合には、事業の継
続に欠かすことができない原材料の購入費用などが共益債権に該当し、
事業者でなくても電気・ガス・水道料金なども共益債権に該当します
（購入や利用の時期によっては共益債権にはなりません）。

これら２種類の債権については、何とか支払っていかなければなり
ません。これら以外の債権であれば、元本も利息も、再生手続開始ま
でに発生した遅延損害金（20ページ）も、すべて再生債権として圧縮
されていくことになります。もちろん、銀行や信販会社、消費者金融
など、あらゆる借入先からの借金が再生債権に含まれます。身内や友
人からの借金や、保証人になっている場合の保証債務も再生債権に含
まれます。

担保付債権も再生債権ではない

　事業用資金の借入れなど、住宅ローン以外の目的で自宅に抵当権が設定されている場合や、事業用リース料債権、自動車ローン債権など、担保権が設定されている債権も再生債権には含まれません。これらは実務上、別除権（248ページ）と考えられ、再生手続に関係なく、担保権を実行して、優先的に弁済を受けることができます。つまり、支払が継続されない限り、不動産であれば競売にかけ、リース物件や自動車であれば債権者が引上げ売却することにより、債権の回収が図られることになるわけです。

　しかし、これでは事業が継続できず、再生計画そのものがとん挫してしまう危険性があります。そこで、担保権を持っている債権者との間で別除権協定を結ぶことで、担保権の実行を回避する方法があります。この協定では、目的物の評価額を分割弁済する代わりに担保権の行使をしない旨の合意がなされます。ただし、再生手続において特定の債権者にだけ支払を継続することは「債権者平等の原則」に反し、不認可事由に該当する可能性があるため、事前に裁判所の許可を得ておく必要があります。

■ 個人民事再生の対象債権 …………………………………………

債権名	内容	弁済方法
共益債権 一般優先債権	再生計画遂行に関する費用、労働債権（給料債権など）、租税など	減額や免責などの対象にはならない
担保権付債権	別除権を有する債権のこと。一般債権者とは別に弁済を受ける	別除権を行使して弁済を受けることができる（担保不足額は再生債権となる）
再生債権	共益債権、一般優先債権、担保権付債権を除いた債権	再生手続開始後は再生計画によって弁済する

4

債務総額が5000万円以下であることが条件

抵当権などで担保される部分は除外される

「債務総額5000万円以下」とは

個人民事再生を利用するためには、借金などの総額について条件があります。一口に「債務総額5000万円以下」と言われていますが、少々計算が面倒ですので注意してください。

まず、住宅ローンがない場合や、住宅ローンがあっても住宅ローン（住宅資金貸付債権）に関する特則の適用を受けることができない場合（あるいは自発的に住宅ローンに関する特則の適用を受けない場合）は、①自分が抱えている債務額の合計を算出します（利息制限法の利率を超えている債務については、引直し計算をします）。その上で、②別除権（抵当権など）の行使によって弁済が見込まれる債務額の分（たとえば不動産の時価）を差し引きます。

なお、住宅ローンがあり、住宅ローンに関する特則の適用を受ける場合は、上記の①は住宅ローンの残額を除いて算出します。

こうして最後に残った債務額の合計が5000万円以下であれば、個人民事再生が利用できます。これから先は、最後に残った5000万円以下の借金などを単に「債務総額5000万円以下」と呼ぶことにします。

なお、上記の計算方法はあくまでも簡略化したものです。実際には、再生債権者は、債権の元本と再生手続開始決定の日の前日までの利息・損害金を再生債権の額として主張できます。したがって、計算した元本の合計が5000万円ぎりぎりである場合は、利息・損害金を上乗せすることで5000万円を超え、再生計画の認可決定が得られない場合がありますので、注意してください。

試しに計算してみる

　たとえば、次の①～③のような借金がある個人が、個人民事再生の手続きを利用できるかどうかを考えてみます。

① 　住宅ローンの残額2000万円があり、住宅ローンに関する特則の適用を受けられる可能性が高い。

② 　住宅以外に不動産を持っており、抵当権付の債務がある（これについては住宅ローンに関する特則の適用は受けられない）。

③ 　住宅ローンを含めた債務総額は1億円である。

　まず、債務総額1億円から、住宅ローンの残額2000万円を引きます。

　1億円－2000万円＝8000万円（住宅ローン以外の債務額）

　残り8000万円の債務額のうち、約定利率が利息制限法所定の制限利率を超えている債務額が1000万円であった場合、これを8000万円から引きます。

　8000万円－1000万円＝7000万円

　上記の1000万円の債務について、引直し計算を行った結果、500万円となった場合、7000万円にこの500万円を足します。

　7000万円＋500万円＝7500万円

　さらに、他の3000万円の債務について、不動産に抵当権が設定されており、抵当権を実行すると債権者が2700万円の弁済を受けることができる（つまり、不動産の時価が2700万円である）場合、7500万円から2700万円を引きます。

　7500万円－2700万円＝4800万円

　以上から、債務総額は4800万円であり、個人民事再生を利用できる「債務総額5000万円以下」の状況です。しかし、再生手続開始決定までの利息・損害金を含めると5000万円を超えることも考えられ、この場合には再生計画は不認可となります。

5 個人民事再生手続きの流れを知っておこう

申立て後に再生計画案を提出して認可を受ける

再生手続開始の申立てによって始まる

　個人民事再生の手続きは、再生手続開始の申立てによって始まり、再生計画の認可決定が確定することによって終わります（その後、弁済ができなくなった場合などには、一定の手続きをとる必要があります）。通常の民事再生の手続きと比較して、債権調査や債権確定手続、債権者の意見を反映させる制度、手続きに関与する機関などの面で、簡略化・軽量化されています。

　個人民事再生手続開始の申立ては、債務者だけがすることができます（通常の民事再生手続開始の申立ては債権者もすることができます。この場合、再生手続開始決定までに債務者が小規模個人再生または給与所得者等再生を求めると、個人民事再生についての再生手続開始決定が出されることがあります）。再生手続開始決定がなされると、強制執行や仮差押・仮処分、再生債権を被担保債権とする留置権（被担保債権の弁済があるまで目的物を留め置くことができる担保物権）に基づく競売手続きをすることができなくなります。もし強制執行などの手続きがなされていれば中止されます。裁判所は、再生手続開始決定と同時に「債権届出期間」と「再生債権に対する一般異議申述期間」を定め、これらを官報に掲載（公告）するとともに、申立ての際に裁判所に知らされている債権者に対して再生手続開始決定がされたことを記載した書面を「債権者一覧表」と一緒に送付します。

債権調査手続はどうする

　債権者は、債権者一覧表に記載されている自分の債権の内容に異存

がなければ、改めて債権届出をする必要はありません。債権者一覧表に記載されていない債権がある場合や、記載されている債権の内容（債権額など）に異存のある債権者は、裁判所が定めた異議申述期間内に、裁判所に対して債権の届出をしたり、異議を述べたりすることができます。

　そして、異議の申述があった場合には、原則として、異議を述べられた債権の債権者による再生債権評価の申立てに基づき、裁判所が個人再生委員の意見を受けて、債権の存否および額、または担保不足額などを確定することになります。

再生計画案の作成と決議・認可

　再生計画案は債務者（または代理人）が作成し、裁判所の定める期間内に裁判所に提出しなければなりません。再生計画案の中心となるのは、「いくら」を「どれくらいの期間」で返すかという点です。再生計画案では、通常、「いくらを返す」というように具体的な金額を挙げるのではなく、「再生債権の元本のうち○○％を後記の弁済方法のとおり弁済する」というように弁済率で返済額（計画弁済総額といいます）を表現します。また、再生計画案に沿った返済計画表を作成します。弁済期間は３年以内が原則ですが、特別な事情があれば、５年以内でもよいとされています。なお、個人再生委員が選任されている場合は、適正な再生計画案を作成するように個人再生委員から勧告を受けることがあります。

　小規模個人再生の場合は、再生計画案について債権者の書面による決議を経ることが必要です。給与所得者等再生の場合は、再生計画案が債権者の決議に付されることはありませんが、裁判所は債権者の意見を聴くことがあります。

小規模個人再生の場合の計画弁済総額はどうなる

　債務者が、再生計画に基づいて具体的に返済することになる「計画

弁済総額」は最低弁済額以上でなければなりません。

　小規模個人再生において、再生手続の対象となる債務総額が100万円未満の場合は、その額が最低弁済額となります。つまり、この場合は借金の額自体を減らすことはできません。また、債務総額が100万円以上500万円未満の場合は100万円、債務総額が500万円以上1500万円未満の場合は債務総額の5分の1、債務総額が1500万円以上3000万円以下の場合は300万円、債務総額が3000万円を超え5000万円以下の場合は債務総額の10分の1が、それぞれ最低弁済額となります。

▌清算価値保障原則について

　計画弁済総額は最低弁済額以上でなければならないと同時に、債務者が所有する財産の額以上でなければなりません。これを清算価値保障原則といいます。債務者が破産すると、債務者が所有する財産を換価して債権者に分配します。個人民事再生ではこのような財産の換価・分配を行わない代わりに、財産分は弁済する、つまり計画弁済総額は財産を清算した場合の価値以上でなければならないのです。この清算価値を示すために清算価値算出シートを作成することがあります。

　清算価値は、基本的には財産目録に記載された財産を合計して求めます。ただし、退職金見込額はその8分の1が清算価値となります。

■ 小規模個人再生の最低弁済額 ……………………………………

基準債権額（債務総額）	最低弁済額
100万円未満	その金額
100万円以上500万円未満	100万円
500万円以上1500万円以下	その金額の5分の1
1500万円超3000万円以下	300万円
3000万円超5000万円以下	その金額の10分の1

たとえば、再生手続の対象となる債務の総額が500万円であった場合、最低弁済額は100万円です。しかし、財産の清算価値が200万円であった場合には200万円以上を計画弁済総額としなければなりません。また、財産の清算価値が600万円であった場合には、500万円全額を弁済しなければなりません。なお、後者の場合に財産の清算価値が600万円であるからといって600万円を弁済する必要はありません。

　なお、前述した最低弁済額の基準と清算価値保障原則は、小規模個人再生だけでなく給与所得者等再生にも適用されます。給与所得者等再生の場合は、これらに加えて可処分所得の基準についてもクリアしなければならないことになります。

　これらの基準は、あくまでも計画弁済総額の最低基準にすぎません。特に小規模個人再生においては、その人の収人などに照らしてみれば、もう少し負担できるのであれば、最低基準よりも多い額を計画弁済総額として再生計画案を作成した方がよい場合もあります。

　たとえば、最低弁済額の基準によれば、債務総額が3000万円の場合、返済するのは300万円でよいことになります。財産が300万円以下であるとして、計画弁済総額を300万円とする再生計画案を作成した場合、この計画弁済総額が低すぎるとして納得しない債権者がでてくるかもしれません。債権者の同意がないと小規模個人再生の再生計画案が可決されないことがありますので、計画弁済総額を決める際には注意が必要です。また、３年を超える弁済期間を提案すると、債権者に反対される可能性が高まります。再生計画案の作成にあたっては、債権者が反対する傾向の強い債権者なのか否かを調査し、計画弁済総額や弁済期間を決めることが必要になってくるでしょう。

▌再生手続の終結

　小規模個人再生の場合は再生計画案が債権者の書面による決議を経たとき、給与所得者等再生の場合は債権者の意見聴取期間が経過した

ときに、裁判所は、不認可事由がなければ、再生計画の認可決定を行います。この認可決定が確定すれば、個人民事再生の手続きは終結します。通常の民事再生と異なり、個人民事再生には履行監督の制度がないため、再生計画の変更や、再生計画の遂行が極めて困難になった場合に裁判所の免責決定を経て認められる免責制度（ハードシップ免責といいます）、再生計画の取消しなどの特別の場合を除いて、裁判所は関与しません。個人再生委員が再生計画の遂行について関与することもありません。

■ 個人民事再生の手続きの流れ ……………………………………

```
┌─────────────────────────────────────────────┐
│ ●債務者が個人であること                      │
│ ●債務総額が5,000万円を超えないこと            │
│ ●将来において継続・反復して収入を得る見込みがあること（小規 │
│  模個人再生の場合）                           │
│ ●給与または定期的収入を得る見込みがあって、その金額の変動の │
│  幅が小さいと見込めること（給与所得者等再生の場合）        │
└─────────────────────────────────────────────┘
```

```
┌─────────────────────────────┐
│ 個人民事再生手続開始の申立て │
└─────────────────────────────┘
              ↓
┌─────────────────────────────┐
│    再生手続開始決定が出る    │
└─────────────────────────────┘
```

| 裁判所が債務者の財産を調査 | 報告書の提出 | 再生債権の提出 → 再生債権の評価 |

┌─────────────────────────────┐
│   再生計画案を提出する   │
└─────────────────────────────┘

・小規模個人再生では書面による債権者の決議が必要
・給与所得者等再生では債権者の意見聴取が必要

┌─────────────────────────────┐
│ 再生計画を認可・再生債権の確定 │
└─────────────────────────────┘
              ↓
┌─────────────────────────────┐
│   再生計画の遂行   │
└─────────────────────────────┘

再生計画が完了するまで数年かかる

6 小規模個人再生の申立書類について知っておこう

借金の実態と資産について正確に調べて記録する

再生手続開始申立書類について

個人民事再生を申し立てる裁判所は、債務者が事業者である場合は、主たる営業所の所在地を管轄する地方裁判所、債務者が事業者でない場合には、債務者の住所地を管轄する地方裁判所になります。

申立ての際には、いくつか必要書類がありますが、裁判所には、申立書類のひな型が用意されていますので、それを利用することをお勧めします。

なお、個人民事再生の手続開始の申立書には、大きく分けて、最高裁書式、東京地裁書式、大阪地裁書式の3種類があります。本書の書式例では最高裁書式を使用しますが、どの方式を使えばよいか、申立前に管轄裁判所に確認することをお勧めします。

まずは債務の内容を整理する

まずしておくべきことは、自分の借金の実態を正確に把握することです。それには、債権者の一覧表を作っておくことです。最初は自分なりの表を作ってもよいのですが、最初から裁判所に提出する方式の債権者一覧表を作っておけば、後々便利といえるでしょう。

債権者一覧表には、債権者の住所・氏名（会社などの法人の場合は名称）・電話番号・FAX番号、債務額、当初の契約年月日、契約の種別などを記載しますので、これらの事項を整理しておきましょう。債権者の名称については、「株式会社○○」あるいは「○○株式会社」などと正確な名称を記載しなければなりません。会社名よりもブランド名の方が有名な会社の場合には注意が必要です。

また、個人営業の貸金業者で商号や通称を用いている場合、「○○こと山川太郎」というような書き方をします。債権者の住所、電話番号、FAX番号は、通常、債権者が貸金業者の場合には、自分の取引支店や担当部署の住所や電話番号などを記載しますので、どこが自分の担当部署となっているかなどを調べておく必要があります。

　債務額については、最新の取引明細書兼領収書やクレジットカードの請求書などを見て把握します。約定利率が利息制限法の制限利率を超える場合は、引直し計算をして債務額を求めます。

　なお、多くの場合、引直し計算をするには債権者に取引履歴の明細を請求するしかありません。債務額がよくわからない場合、債権者に確認するしかないこともあります。

　当初の契約年月日・契約の種別は、お金を借りたのであれば、「令和○年○月○日金銭借入れ」などと記載し、クレジットカードでショッピングをしたのであれば、「令和○年○月○日立替払い」などと記載します。当初の契約年月日は覚えていないことが多いでしょう。その場合は、契約書などを探すか銀行預金通帳、預金の取引明細書などを参照して確認します。これらの方法でわからない場合には、債権者に確認するという方法をとらざるを得ないこともあるでしょう。

今どれだけの財産があるのか

　次に、自分の財産（資産）を把握しましょう。申立ての際には、陳述書に財産の状況を書いたり、財産目録を提出する必要があります。

　財産となるのは、たとえば、現金、預金、不動産、自動車、バイク、賃貸マンションなどの敷金、保険の解約返戻金、会社などに勤めている場合は退職金見込額です。動産も財産となりますが、通常、動産で財産として計上しなければならないのは、宝石や貴金属類、価値のある絵画などの芸術作品や骨董品、中古品として売却してそれなりの価格になる機械類などです。

このうち、退職金見込額は、現在、自分の勤め先を辞めたと仮定した場合に支給される退職金の額であり、その額の8分の1が財産となります。退職金見込額を調べるには、退職金規程がある場合にはそれをもとに計算すればよいのですが、こうした規定がない場合、勤め先に聞くしかありません。

　不動産については、時価が財産の額となります。裁判所によって、複数の不動産業者などの査定書を提出させる場合と、固定資産税評価額に一定の倍率を掛けて時価とする場合などがありますので、管轄裁判所に問い合わせて、その方式に従って査定してもらったり、固定資産税評価証明書を取得しておく必要があります。

▌支払いをストップする

　個人民事再生の手続きを弁護士に委任した場合や、司法書士（認定司法書士）に個人民事再生の書類作成を依頼した場合には、通常、弁護士や司法書士が受任（受託）した段階で債権者への支払いをストップしています。自分自身で申し立てる場合、再生手続開始決定後に債権者に弁済することは禁止されますので、遅くとも再生手続開始決定がなされる前に支払いをストップしなければなりません。

　銀行振込やATMを利用して支払っている場合には、それをやめればよいのですが、銀行などの自動引落を利用している場合には、残高不足にしておくなどして引き落とされないようにしておかなければなりません。また、勤め先などからの借入れがあって、給与天引きで支払っている場合、それを中止するよう依頼しなければなりません。

▌申立関係書類や申立費用について

　個人民事再生手続開始の申立てをする段階で、①再生手続開始申立書、②陳述書、③家計全体の状況（家計収支表）、④債権者一覧表、⑤財産目録、⑥添付書類（住民票の写し、借用書、源泉徴収票など）

などを提出します。これらの書類は、個人再生委員が選任される可能性があるため、通常2通ずつを裁判所に提出します。明らかに個人再生委員が選任されない場合には、1通ずつでもよいかもしれませんが、これについては事前に管轄裁判所に確認しておきましょう。ただし、債権者一覧表は、裁判所用・個人再生委員用の他、債権者用として債権者の数だけ必要です。

　添付書類を2通ずつ提出する場合、通常、1通は原本、1通はコピーで大丈夫ですが、裁判所によっては特定の書類について2通とも原本を要求する場合もありますので、これも事前に確認しておきましょう。添付書類の中には2通ともコピーを提出すればよいものもあります。その他、裁判所から債権者に書類を送る際の封筒に貼る、債権者の住所を記載したタックシールの提出を求められることもあります。また、再生手続開始申立書や陳述書などは自分の控え用にもう1通用意しておき、添付書類は控え用に1通ずつコピーしておいた方がよいでしょう。

　申立時に必要な費用としては、申立印紙代1万円が挙げられます（申立書に印紙を貼って納めます）。通常、申立時に裁判所から債権者に書類を送るための切手を納めます。切手は何円切手を何枚納めるかは裁判所によって異なりますので、問い合わせてください。

　また、申立後ほどなく官報公告（債権者などに再生計画開始決定があったことを知らせるための公告）のための予納金を納めなければなりません。これは1万2000円程度であり、現金で納入します。その後、個人再生委員が選任された場合には、その報酬を予納します。報酬の金額や支払方法（分割払いか一括払いか）は裁判所によって異なります。

7

マイホームを保持しながら債務整理する方法もある

住宅ローンに関する特則を利用してマイホームを保持する

住宅資金貸付債権に関する特則

　破産・免責手続の申立てによって借金の支払いを免れることはできますが、通常、生活の基盤であるマイホームも手放さなければならなくなります。しかし、民事再生法の住宅資金貸付債権に関する特則（住宅ローンに関する特則）の制度を利用すれば、マイホームを失わずに、借金を整理することも可能です。

　理由はどのようなものであれ、住宅ローンの支払いに支障が生じている債務者のために、返済条件について変更を認める制度がこの住宅ローンに関する特則です。住宅ローンの返済に苦しんでいる債務者は、民事再生手続を申し立て、再生計画案の中に住宅ローンに関する権利変更の条項（住宅資金特別条項）を盛り込んで提出します。その再生計画案が裁判所によって認可決定されて確定すれば、住宅ローンの債権者である銀行など（住宅資金貸付債権者）の意思に関わりなく権利変更がなされ（リスケジューリング）、債務者は期限の猶予を受けることができます。そして、住宅資金特別条項は、通常の民事再生手続でも、小規模個人再生でも、給与所得者等再生でも、いずれを問わず再生計画の中に盛り込むことができます。つまり、住宅ローンに関する特則は、民事再生手続開始を申し立てている個人であれば、どの手続きの中でも利用できることになります。

住宅資金貸付債権とは

　住宅資金特別条項を定めることができる住宅ローン（住宅資金貸付債権）は、以下の要件をすべて満たすことが必要です。

① 住宅の建設・購入または住宅の改良に必要な資金の借入れである

　ここでいう「住宅の購入」には、いずれ住宅を取得する予定で土地を購入したり、借地権を取得する場合も含みます。

② ①の資金の借入れに関して分割払いになっている

　住宅ローンを組んでいるのであれば、通常は分割払いとなっているでしょう。

③ ①の資金の借入れや、この借入れを保証する保証会社に対する求償債務を担保するために、抵当権が設定されている

　これは、抵当権が実行されて住宅を失うことがないようにするという制度目的から要求されている条件です。

▌対象となる「住宅」の要件とは

　住宅ローンに関する特則が対象としている「住宅」は、個人が所有し、居住する住宅であることが原則です。

① 個人の債務者が所有し、自ら居住するための建物である

　借入れが宅地を購入するためのものであっても、建物に抵当権が設定されていれば大丈夫です。また、現に居住していなくても、将来居住することを予定して建てた建物であればかまいません。建物が2つ以上ある場合には、債務者が主に居住するために使用している1つの建物に限られます。また、債務者自身が所有していない建物は、住宅ローンに関する特則の「住宅」には含まれません。

② 建物の床面積の2分の1以上に相当する部分を自ら居住するために使用している

　たとえば、店舗や事務所と併用している建物であっても、その建物全体の床面積の2分の1以上に相当する部分が、もっぱら債務者自身の居住のために使用されていれば大丈夫です。

8

住宅ローンに関する特則の対象になる債権はどのようなものか

住宅が他の債権の担保となっているときは対象とならない

たいていの住宅ローンはカバーできる

一般的な住宅ローンであれば、たいていは住宅ローンに関する特則（住宅資金貸付債権に関する特則）の対象になります。

ただ、一部の住宅ローンについては、例外的に住宅ローンに関する特則を利用できない場合があります。具体的には、住宅に他の担保権が設定されている場合や、法定代位（115ページ）による住宅ローン債権の取得の場合です。たとえば、身内や知人が連帯保証人として、債務者に代わって住宅ローンを返済すると、連帯保証人は、金融機関が有していた抵当権その他の権利を行使することができます。これが法定代位に該当しますので、連帯保証人が取得した住宅ローン債権について、住宅ローンに関する特則は適用されません。

住宅に他の担保権が設定されている場合

まず、住宅について、住宅ローンを担保するための抵当権の他に、他の債権を担保するための担保権が存在する場合は、住宅ローンに関する特則が利用できません。

この場合、債務者が民事再生手続を申し立てても、住宅ローン以外の債権のための担保権を、再生計画の中で拘束することはできません。その担保権を有する債権者が担保権を実行してしまえば、住宅を守ることができないからです。

また、住宅とあわせて住宅以外の不動産に住宅ローンを担保するための抵当権が設定されている場合で、その不動産について、これより優先順位の低い担保権が設定されている場合も、住宅ローンに関する

特則が利用できません。

　たとえば、住宅を建設する予定で土地（敷地）を先に取得した場合、購入資金を担保するための抵当権がその土地に設定されているのが通常です。この場合、その土地の上に住宅を建築するにあたって、土地との共同担保の形で、新築される住宅にも第1順位の抵当権を設定するように求められることが多いと思います。このような状況で、土地に後順位抵当権が設定された場合があてはまります。

　この場合、住宅以外の不動産の後順位担保権者が担保権を実行（競売）すると、まず上位の担保権者である住宅ローン債権者が住宅以外の不動産から弁済を受けます。しかし、その後に後順位担保権者が、住宅に設定された抵当権について代位できる（共同抵当の後順位抵当権者の代位権といいます）ということから、権利関係が複雑になってしまうため、住宅ローンに関する特則の適用から除外されています。

▌法定代位による住宅ローン債権の取得の場合

　保証人や連帯保証人が債務者に代わって住宅ローンを返済すると（これを代位弁済といいます）、法定代位といって、保証人や連帯保証人は、銀行などの金融機関が有していた抵当権その他の権利を行使で

■ 住宅ローンに関する特則の対象にならない場合 ･･･････････････

- ●住宅について、住宅ローンを担保するための抵当権の他に、他の担保権が設定されているとき
- ●住宅とあわせて他の不動産に住宅ローンを担保する抵当権が設定されている場合で、その不動産について、これより優先順位の低い担保権がつけられているとき
- ●法定代位によって住宅ローン債権を弁済者（保証人や連帯保証人など）が取得した場合
- ●保証会社による保証債務履行後6か月を経過した場合

きるようになります。このような形で、保証人や連帯保証人が住宅ローン債権を取得し、金融機関に代わって抵当権を行使できるような状況になった場合には、住宅ローンに関する特則が利用できません。

　住宅資金特別条項によって返済条件が変更されても、金融機関は、引き続き債務者から利息を徴収することで収益をあげることができます。しかし、金融機関でない保証人や連帯保証人は、利息による収益よりもむしろ、債務者からの早期の債権回収を望んでいるであろうことを考慮したために、住宅ローンに関する特則を適用しないわけです。

▌保証会社による保証債務履行後6か月を経過した場合

　住宅ローンの延滞が生じて、ある程度の期間が経過すると、保証会社が債務者に代わって、住宅ローンを金融機関に返済します（これを代位弁済といいます）。そうすると、前述した法定代位が生じますので、住宅ローンの債権者が銀行から保証会社へと交替します。この場合、保証会社が代位弁済した後について、前述したように住宅ローンに関する特則を利用できないとすると、債務者が住宅ローンに関する特則を利用できる場合が非常に少なくなってしまいます。民事再生手続が申し立てられるまでには、それなりの時間が経過しているのが普通で、その間に、保証会社による代位弁済が行われていることが多いからです。

　そこで、民事再生法は、保証会社による保証債務の履行完了後6か月以内に再生手続開始の申立てがあった場合に限って、住宅ローンに関する特則の利用を認めることにしています。これは「住宅ローンの巻き戻し」とも呼ばれています。したがって、代位弁済まで事態が悪化している債務者は要注意です。保証会社による代位弁済が行われてから6か月以上が経過してしまえば、もはやマイホームを確保することはできなくなってしまいます。

9

保証会社に対する競売手続中止命令と再生計画を知っておこう

再生計画の認可の見込みがあれば競売手続中止命令が出る

保証会社に対する競売手続中止命令

住宅ローンの抵当権が実行され、競売手続によって住宅が他人の手に渡ってしまったのでは、住宅ローンに関する特則を利用してマイホームを確保することができません。そこで、民事再生法は、裁判所が競売手続中止命令を出すことができるようにしています。

住宅ローンに関する特則を適用してもらいたいときは、再生計画の中に「住宅資金特別条項」を盛り込んでおきます。この再生計画が認可される見込みがあれば、債務者の申立てによって、裁判所に競売手続の中止を命令してもらえます。もちろん、196ページで述べたように、保証会社による代位弁済がなされた後6か月を経過してしまうと、住宅ローンに関する特則は利用できなくなりますから、債務者の申立ては、保証会社による代位弁済後6か月以内であることが必要です。

裁判所は、競売手続中止命令を出す前に、競売申立人、つまり保証会社の意見を聴くことになります。意見聴取によって再生計画の認可の見込みがないと判断されると、競売手続中止命令が出されないことになりますから、絶対に安心とはいえません。

再生計画が認可される見込み

どのような場合に再生計画が認可される見込みがあると認められるのでしょうか。裁判所は、主として次に掲げる不認可事由が1つでもあれば、再生計画の不認可の決定をしなければなりませんから、このような不認可事由のないことが「認可される見込みがある」場合といってよいでしょう。その他、小規模個人再生や給与所得者等再生に

特有の不認可事由もあります。

① 再生手続や再生計画が法律の規定に違反し、かつ、その不備を補正することができないとき（ただし、違反の程度が軽微であれば不認可とはなりません）

② 再生計画の決議が債権者の一般の利益に反するとき

③ 再生計画が遂行可能であると認めることができないとき

④ 債務者が守ろうとする住宅や宅地を使用する権利を失うこととなると見込まれるとき（住宅資金特別条項を付ける場合）

⑤ 計画弁済総額が最低弁済額（185ページ）を下回っているとき

⑥ 再生債権の総額（債務総額）が5000万円を超えるとき

┃ 再生計画はどのように行われるのか

　住宅資金特別条項付の再生計画が認可決定されて確定すると、保証会社が代位弁済（債務者に代わって住宅ローンを金融機関に返済すること）をしていた場合であっても、その代位弁済はなかったものとみなされます。そして、住宅ローンの債権者が保証会社から元の銀行などの金融機関に戻るとともに、保証会社は元の通り住宅ローンを保証する状態に戻ります（住宅ローンの巻き戻し）。

　以後は、住宅ローンに関する再生計画も金融機関と話し合いながら進めることになり、再生計画の遂行にあたっても、金融機関に対して返済を継続していくことになります。

　なお、代位弁済後に債務者が保証会社に対して債務の一部を返済していた場合には、保証会社が債権の一部を金融機関に支払うことになります。また、返済期間の変更に伴って保証料の見直しがなされることもありますから、そのときは保証料の追加が必要になってきます。

10 同意不要型と同意型がある

「同意不要型」には原則として3パターンある

そのまま型と呼ばれるものもある

　住宅資金特別条項には、住宅ローン債権者の同意を必要としないもの（同意不要型）と、同意を必要とするもの（同意型）があります。同意不要型として民事再生法が定めているのは、次の3つの類型です。

① 期限の利益回復型

② 最終弁済期延長型（リスケジュール型）

③ 元本猶予型（元本猶予期間併用型）

　この他、民事再生法に直接規定はないものの、実際にしばしば行われており、「同意不要型」に分類できるのが「そのまま型（正常返済型）」と呼ばれるパターンです。これは文字どおり、住宅ローンについては通常どおりの弁済を続けるもので、再生計画案にそのまま型の住宅資金特別条項を定める予定がある場合には、個人民事再生手続開始の申立ての際に「弁済許可の申立て」をする必要があります。弁済許可の申立ては、再生手続が開始すると再生債権への弁済が禁止されるため、住宅ローンについては契約どおり弁済することの許可を求めるというものです。弁済許可の申立てをしないと、住宅ローンについて期限の利益を喪失してしまい、「そのまま型」を利用できなくなります。

　反対に、「同意型」とは、住宅ローン債権者の同意を得て、同意不要型の3種類（および「そのまま型」）以外の内容を自由に定めるというものです。

同意不要型の原則は期限の利益回復型

　住宅ローンに限らず、分割払い契約では、その支払いが滞ると、た

だちに全額を一括して返済しなければならないという取り決めがなされています。これを期限の利益の喪失といいます。

　住宅ローンに関する特則を利用して、何とかマイホームを守りたいと考えている人の中には、期限の利益を喪失した状態に陥っている人が少なくありません。この喪失した期限の利益を元の状態に戻して、返済を続けていけるようにするというのが、期限の利益回復型と呼ばれるしくみです。

　この方法では、住宅ローンのうち、返済が滞ってしまっている元本や利息・遅延損害金を、再生計画で定める返済期間内（原則３年以内、例外５年以内）に、分割して返済することになります。そして、まだ弁済期が到来していない分については、当初の住宅ローンの約定通りに支払っていきます。つまり、債務者としては、再生計画遂行中は、①通常の住宅ローンの支払いと、②それまでの不履行部分の支払いを合わせて行わなければなりません。もちろん、再生計画終了後は、通常の住宅ローンだけの支払いになります。

▌ 具体的な支払いはどうなっているのか

　たとえば、住宅ローンについての不履行部分（元金、利息、遅延損害金）が、仮に120万円に達していたとしましょう。これを、原則３年以内で返済していくことになるわけですから、年間にすれば40万円、１か月にすると３万3333円になります。これに、通常の住宅ローン（これを毎月10万円としましょう）が加わります。そうなると、再生計画遂行中の３年間は、住宅ローン関係の返済だけで、毎月13万3333円です。もちろん、４年目からは、元通り毎月10万円になります。

　住宅ローン以外の無担保の借金は、再生手続の中で最低100万円までに圧縮することも可能ですが、住宅ローンについては、それはできません。住宅ローン以外にも借金がある場合には、かなり厳しい返済計画になっていきます。

11

返済の負担を軽減する他の方法にはどんなものがあるのか

最終弁済期延長型と元本猶予型がある

■ 期限の利益回復型では苦しい場合は最終弁済期延長型

　住宅資金特別条項のうち期限の利益回復型では、住宅ローンの返済額そのものは変わりませんので、かなり厳しい再生計画になるということは、容易に想像できるでしょう。

　たとえ住宅ローン以外の無担保の借金を最低100万円までに圧縮できたとしても、個人民事再生を利用しようとする多くの人にとって、この条件で返済を継続するのは難しいと思われます。そのような場合に利用できる方式として最終弁済期延長型があります。

■ 最終弁済期延長型のしくみ

　最終弁済期延長型は、住宅ローンの返済期間を、当初の返済期間よりも最長10年間まで延長するものです。再生計画前に住宅ローンについて不履行部分があれば、それも同じく延長された返済期間の中で返済していくことになります。期限の利益回復型よりも返済はかなり楽になりそうですが、返済期間延長後の完済時（最終弁済期）の債務者の年齢が70歳以下という条件がついています。

　したがって、35歳のときに組んだ住宅ローンの返済期間が35年であると、この制度はあまり役に立ちません。既に当初の返済期間でさえ、完済時に債務者は70歳になってしまいます。金融機関が承諾でもしてくれない限り、この最終弁済期延長型は利用できないことになります。

　新築マンションを購入する場合などは、一般的に住宅ローンの最長返済期間は35年となっていることが多いようです。比較的若い人の中で、当面の負担を軽減するために、最長弁済期延長型の利用を考える

人がいるかもしれませんが、自分の場合に最長弁済期延長型をとることが可能かどうか、契約書など住宅ローン関係の資料をよくチェックして、必ず確認しておきましょう。

■ 最後の手段は元本猶予型

民事再生法が定めている住宅ローンに関する特則で、最も返済の負担を軽減する効果が大きいのが、元本猶予型と呼ばれている方式です。この方法は、再生計画遂行中は元本部分の返済を一部猶予してもらって、さらに最終返済期間を延長してもらいます。

まず、住宅ローンの最終弁済期を最長で10年間延長してもらいます。もちろん、最終弁済期（完済時）の債務者の年齢が70歳以下という制限もあります。そして、再生計画遂行中（原則３年、最長５年）は、利息の返済の他に、元本部分の返済を一部猶予してもらいます（元本猶予期間）。さらに、それまでに住宅ローンに不履行部分があれば、その返済も猶予してもらいます。

■ 実際にはどうなるのか

たとえば、年利３％で3000万円の住宅ローンがあるとすると、１か月当たりの利息は７万5000円程度になります。そして、元本部分の返済を１万円にしてもらうと、合計で８万5000円ずつ支払っていくことになります。もともとの元本部分の金額にもよりますが、この方法なら、それまでの返済額に比べても、再生計画遂行中（元本猶予期間中）の月々の返済額は、少なくとも数万円は少なくできるはずです。

再生計画が終了した後は、住宅ローンの返済は通常の形に戻ります。住宅ローンの不履行部分の返済も、このときから始まります。

したがって、元本猶予期間中は、元本の返済を少なくしてもらっていましたが、再生計画終了後は、元本の返済も元に戻りますから、毎月の住宅ローンの返済額は増えることになります。さらに、住宅ロー

ンの不履行部分の返済も上乗せされてきますから、増加する返済額は
けっこうな金額になることも予想されます。

　しかし、元本猶予期間中、つまり再生計画遂行中は、住宅ローン以
外の無担保の借金の返済に、かなり専念できるでしょうから、無担保
の借金がなくなった後は、住宅ローンの返済に専念すればよいことに
なります。

■ 住宅資金特別条項の種類と特徴 ……………………………………

銀行との交渉の可否

| ⬇ 可能 | ⬇ 不可能 |

同意型	同意不要型
※ 履行の可能性が高まると判断されると銀行も同意してくれる可能性もある **交渉内容例** ・元本・利息の一部カット ・遅延損害金の免除 ・債務者の年齢が70歳を超える時点までの最終弁済期（完済時）の延長	**①期限の利益回復型** **ポイント** ・期限の利益を回復する ・再生期間中に返済が滞っている元本・利息・遅延損害金＋通常のローンを支払う ・再生期間終了後は通常のローンを支払い続ける **②最終弁済期延長型** **ポイント** ・住宅ローンの返済期間を最長で10年間延長できる ・延長後の最終弁済期の債務者の年齢は70歳以下までという制限がある **③元本猶予型** **ポイント** ・住宅ローンの返済期間の延長＋再生計画中は利息の返済の他に元本・不履行部分の返済の猶予 ・再生期間終了後は通常のローンの支払い＋不履行部分の返済となる

最後の最後は同意型に賭ける

　同意不要型では、この元本猶予型が最後の手段ということになりますから、何とかここまでの３つの方法の中で、解決策を見つけ出したいものです。しかし、いずれの方法をとっても、住宅ローン以外に借金がある人にとっては、マイホームを守るのは至難の技かもしれません。収入が安定している会社員でも、不況や業績悪化によって給与が減少したり、転職を余儀なくされることもありますので、再生計画が認可されても履行に不安が残ることも多いでしょう。

　ただ、同意不要型はあくまでも民事再生法で定められている類型であって、債務者と住宅ローン債権者がよく話し合って、前述した類型の枠を超えた同意型の住宅資金特別条項を定めることができれば、それに越したことはありません。

　現実には債権者の同意を得るのはかなり難しいといえるでしょう。しかし、もし同意が得られるのであれば、元本や利息の一部カット、遅延損害金の免除、債務者の年齢が70歳を超える時点までの最終弁済期の延長などを内容とした住宅資金特別条項を定めることもできるかもしれません。債権者としても、一見不利なようですが、債務者の状況を考えればこのような内容の方が履行の可能性が高まり、最終的には有利であると考え、同意することも考えられるでしょう。

申立関係書類と再生計画案の書き方を知っておこう

前もって金融機関と協議する

具体的な申立関係書類について

申立関係書類として、主に以下のような書類を提出します。

> 再生手続開始申立書・陳述書・家計全体の状況・財産目録・添付
> 書類・債権者一覧表・可処分所得額算出シート

再生手続開始申立書には、住宅ローン債務について再生計画で特別な予定を定める場合、「3 再生計画案の作成の方針についての意見」（最高裁書式の場合）の住宅資金特別条項の□にチェックを入れます。また、申立関係書類の他に、債務者が申立てをするときに、債権者一覧表に住宅ローンに関する権利変更条項（住宅資金特別条項）を定めた再生計画案を提出することを記載しなければなりません。

同意型の場合を除いて、住宅資金特別条項付の再生計画案に対し、住宅ローン債権者が同意するかどうかは問題となりませんが、裁判所は住宅ローン債権者の意見を聴きます。このこともあって、債務者は、住宅資金特別条項を定めた再生計画案を提出する場合には、あらかじめ住宅ローン債権者と協議をしなければなりません。協議の際には、債務者の給与証明書や住宅の登記事項証明書などの添付書類を、住宅ローン債権者に提出することになるでしょう。住宅ローン債権者は、債務者から示された書類などを参考に、住宅資金特別条項の立案について助言をすることになります。再生計画案の作成にあたり、債務について便宜を図ってもらうには、住宅ローン債権者とよい関係を築くことが大切です。このような協議を行うことで、債務者と住宅ローン債権者との間

で、返済に向けた現実的な再生計画案を立てることができるのです。

　住宅資金特別条項においては、住宅資金特別条項であることと以下に記載した事項を明示しなければなりません。

① 　再生計画において住宅資金特別条項を定めることができる住宅資金貸付債権をもっている債権者、または住宅ローンの巻き戻し（住宅資金特別条項を定めた再生計画の認可決定が確定した場合で、保証会社が既に金融機関に対して保証債務を履行していたときに、その保証債務は初めから履行されていなかいとみなすこと）により住宅資金貸付債権をもつこととなる者の氏名（法人の場合は名称）、住所

② 　住宅と住宅の敷地の表示

③ 　住宅と住宅の敷地に設定されている住宅資金貸付債権に規定された抵当権の表示

住宅資金特別条項の添付書類

　債務者は、住宅資金特別条項を定めた再生計画案を提出するときには、以下に記載した書面を一緒に提出しなければなりません。

① 　住宅資金貸付契約の内容を記載した書面の写し

② 　住宅資金貸付契約に定める各弁済期における弁済すべき額を明らかにする書面

③ 　住宅と住宅の敷地の不動産の登記事項証明書（登記簿謄本）

④ 　住宅以外の不動産（ただし、住宅の敷地を除く）で、住宅資金貸付債権で規定された抵当権が設定されているときは、その不動産の登記事項証明書（登記簿謄本）

⑤ 　債務者の住宅において自己の居住のために使用されない部分があるときは、この住宅のうち債務者の居住にために使用されている部分と使用されていない部分の床面積を明らかにする書面

⑥ 　保証会社が住宅資金貸付債権にかかる保証債務の全部を履行したときは、この履行により保証債務が消滅した日を明らかにする書面

第8章

自己破産のしくみ

破産手続とはどんなことかを知っておこう

　破産手続は、多額の負債を抱えて債務者が経済的に破たんしてしまった場合に、その財産関係を清算して、すべての債権者に公平な弁済（配当）をすることを目的とした裁判上の手続きです。破産手続の流れは、大きな4つの局面からなっています。

① 破産手続の開始（破産手続開始決定手続）

② 配当を受けることができる債権（破産債権）の確定

③ 配当のもとになる破産者の財産（破産財団）の管理・換価

④ 破産手続の終了（配当の手続き・破産手続終結決定）

　まず、破産手続を開始すべきかどうかを審理・判断するための手続きが必要です。それが破産手続開始決定の手続きです。破産手続開始の申立てによって開始され、裁判所による調査・審尋の結果、支払不能又は債務超過（債務超過は法人の場合に限る）と判断されれば、破産手続開始決定がなされます。この決定を受けた時から債務者は破産者になります。

　破産手続は、破産者の財産を処分・換価して、債権者に平等に弁済（返済）することを目的としています。これを法律的に言えば、「破産財団を換価して、破産債権者（破産債権を有する債権者）に配当するための手続き」となります。破産手続の目的を達成するためには、配当を受けることができる債権（破産債権はどのようなものか、それが全体としてどれくらいの額になるのかを確定しなければなりませんし、配当のもとになる破産者の財産（これが破産財団を構成します）がどれほどあるのかを確定して、配当をするための財源を確保しなければ

なりません。

　このようにして、破産債権とその総額が確定し、配当のもとになる財源が確保できると、最後にその両者をつきあわせて、配当の手続きが行われ、破産手続が終了することになります。

　以上が破産手続のいわば本体です。破産管財人の主導のもとで進められる手続きですから、これを管財手続あるいは管財事件ともいいます。ただし、債務者にめぼしい財産が残っていない場合には、破産管財人を選任して破産手続を進めても、債務者の手元に債権者に対して配当できるような財産が残っていないことが明らかですから、破産手続開始決定だけをして、そこから先の手続には入らないという処理が行われます。この手続きを「同時廃止」といいます。

「破産手続開始決定＝借金帳消し」ではない！

　破産手続の出発点となる破産手続開始決定は、裁判一般の原則に従い、申立てに基づいてなされます。破産手続は地方裁判所が担当します。この破産手続開始の申立てを受けた裁判所を破産裁判所といいます。

　破産申立て（破産手続開始の申立て）ができるのは、原則として、債権者と債務者です。申立人が債権者（貸主）である場合を債権者破産といいます。これに対し、債務者（借主）自身が申立人となる場合が自己破産です。なお、会社などの法人の代表者が、会社を代表して申立てをする場合も自己破産です。債務者は、自ら破産申立てをする

■ 破産手続の開始 ・・・

破産申立て

破産手続開始決定

債権者破産
・債権者が破産申立て

自己破産
・債務者が破産申立て

ことによって、債権者による個別の権利行使（取立て）にいちいち応じる必要がなくなり、再起を図ることに専念できます。

　ただし、破産手続開始決定を受ければ借金が帳消しになるかといえば、そうではありません。破産手続開始決定は、債務者に返済能力がないということを裁判所が認めただけのことで、破産手続の入り口をくぐったにすぎません。この段階ではまだ借金の支払義務は残っているのです。同時廃止をする場合であれば、破産手続自体が進められませんから、借金は全額残ります。借金から解放されるには、破産手続に続いて免責手続という別の手続きをとる必要があります。この手続きで免責が認められてはじめて借金はゼロになるのです。結局、債務者が借金から本当に解放されるには、破産手続開始決定に始まる破産手続と免責手続という2つの大きなステップを踏むことが必要なのです。

▌免責が認められない場合とは

　会社などの法人が破産する場合、法人は破産手続が終了すれば消滅しますから、借金が残っても免責する必要はありません。一方、個人が破産する場合は免責の可否が問題となります。もっとも、消費者金融などからの借入れや、クレジット・カードの使い過ぎのような「消費者破産」であれば、免責が認められないケースはそれほど多くありません。しかし、免責は債務者に立ち直りのチャンスを与えるための制度ですから、その必要がない人には免責が認められません。破産法では免責を許さない場合（免責不許可事由）を定めています（254ページ）。

　ただ、「免責不許可事由があったら必ず免責不許可になる」というわけでもありません。免責不許可事由があっても、裁判所の裁量によって免責が認められている例は多数あります（これを裁量免責といいます）。結局のところ、裁判所が状況を総合的に判断して、免責の許可・不許可を決定しているわけです。

2 債務者に財産があるかないか で破産手続の流れが変わる

財産のない債務者は同時廃止をする

自己破産を申し立てる人の６割程度が同時廃止

　自己破産しようと決意するに至ったような債務者には、既にめぼしい財産は残っていないのが普通でしょう。

　破産手続に必要な費用を捻出できるだけの財産がない場合、破産手続開始決定と同時に破産手続を終結させる破産手続廃止決定がだされます。破産手続の開始決定と同時に破産手続廃止決定がなされることから、この手続きを同時廃止といいます。この同時廃止事件は、後述する管財事件とは異なり、破産管財人は選任されませんので、予納金が少額ですみます。現在では、自己破産を申し立てる人の６割程度が同時廃止になっています。

　ただし、個人事業主や会社などの法人の代表者（取締役や代表取締役）が自己破産を申し立てる場合には、たとえ財産がまったくなくても同時廃止になることは、ほとんどないというのが実情です。

破産者に財産が残っている場合は管財事件となる

　破産者（破産手続開始の決定を受けた債務者）に不動産や株式、預貯金などの財産が残っている場合、つまり「破産手続に必要な費用を捻出できるだけの財産」があるときは、破産手続開始決定と同時に裁判所によって破産管財人（管財人）が選任されます。破産手続開始決定の後、管財人が選任され、破産手続が進められる場合を管財事件といいます。

　この場合は、破産者の財産を破産財団という形でひとまとまりにして、管財人の主導の下で、破産財団を処分してお金に換え、債権者に

分配する手続きをとっていきます。なお、管財人には弁護士が選任されるのが通常です。

同時廃止するための基準はどうなっている

同時廃止か管財事件かを振り分ける基準は、裁判所ごとで異なっており、統一されているわけではありませんので、申立先の裁判所に確認をすることが必要です。

たとえば、東京地裁の場合は、破産者が申立時点で現金33万円以上を保持していれば、同時廃止とはならず、原則として管財事件として処理されます。平成29年4月以降、現金20万円から基準が引き上げられているため、同時廃止となる対象が広がったといえます。さらに、現金33万円未満であっても、現金以外で保持する各財産の評価額が20万円以上であれば、同時廃止とはならず、原則として管財事件として処理されます。これは、すべての財産の合計額ではなく、各財産の項目ごとにその財産が20万円以上であるかどうかによって判断されます。

なお、不動産を所有している場合は、原則として管財事件となりますが、不動産に設定されている抵当権などの被担保債権額が不動産の評価額の1.5倍を超えるオーバーローン物件の場合は、同時廃止となる可能性があります（243ページ）。申立先の裁判所に確認してみるとよいでしょう。

管財事件になったら

管財事件になるかどうかは、破産者に残っている各財産が20万円程度あるかどうかが一応の目安になります。住宅ローンが残っている家屋も、家財道具同様、その処分は原則として破産管財人（管財人）に委ねられ、売却されて金銭に換えられる運命になります。

破産手続開始決定があれば、もはや債権者といえども、破産手続を無視して勝手に取立てをすることは許されません。破産手続開始決定

の前後になされた家財道具などへの差押えも、その効力を失います。破産財団（配当のもとになる破産者の財産）を処分して得られた金銭は、すべての債権者に、債権額に比例した割合で公平に分配されます。この分配手続を配当といいます。

　管財事件になれば、債権者集会（240ページ）が開かれます。債権者に対する配当が終了すると、そのことを管財人は債権者集会で報告し、その終了後、裁判所が破産手続終結の決定を行って破産手続が終了します。

　管財事件の場合は、破産手続が終了するまで、少なくとも1年以上の期間がかかるのが普通です。破産財団に属する財産を売却・処分するのに時間と手間がかかりますから、場合によっては数年かかることもあります。そこで、破産手続が開始しても、一般には管財人が家を売却するまで、または競売手続がすむまでは、破産者は自宅に住み続けることもできます。

　なお、いったん、管財事件として手続が進められていても、途中で破産財団の価値が減少したりして、破産手続の費用さえ支出できなくなることがあります。この場合も、やはり破産手続を続行することは意味がありませんので、破産手続廃止決定がなされます。もっとも、破産手続開始決定と同時に破産手続を打ち切るわけではないので「異時廃止」といわれています。

■ 同時廃止になるか管財事件になるか ……………………………

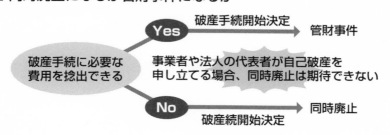

3 自己破産する際の手続きの流れを知っておこう

3つのチェック・ポイントがある

自己破産の手続きの流れ

　個人である債務者が借金から解放されるには、破産手続の他に免責手続が必要です。そこで、晴れて再起のときを迎えるまでには、大きく分けて以下のような段階を踏むことになるわけです。ここでは自己破産の手続きの大まかな流れを見ておきましょう。

check 1　債務者の申立てから破産手続開始決定まで

　債務者が自分の住所を管轄する地方裁判所に破産手続開始の申立てをすることから始まります。破産手続開始の申立てにより免責の申立てもしたものとみなされます。申立てを受けた裁判所は、申立てが適法か、費用の予納があるかなど手続に不備はないかを調べる他、債務者に破産原因があるかどうかも調べます（個人の場合における破産原因は、債務者が支払不能になっていることを指します）。債務者に対しても裁判所への出頭を求めて、非公開の審尋（審問）を行います。審尋を経て債務者に破産原因があると認められると、破産手続開始の決定が出されます。

check 2　管財事件になるか同時廃止になるか

　破産手続開始決定を受けても、それはまだ破産手続の入り口をくぐったにすぎません。破産者（破産手続開始決定を受けた債務者）に一定程度以上の財産があれば、管財事件となります。そうでなければ、同時廃止となって破産手続が終了します。

　ここにひとつの分かれ道があります。管財事件となれば、破産管財人が選任され、以後、破産債権の確定から破産財団の換価・配当という本来の破産手続が行われます。配当が完了すれば破産手続は終了し

ますが、それでも破産者である個人が残ってしまった借金から解放されるためには、以下の免責手続が必要です。

　なお、いったんは管財事件になっても、事情によっては途中で破産手続廃止決定がなされることもあります（異時廃止）。

check 3　免責手続

　個人の破産者の場合は、破産手続の終了後、免責手続へと移行します。個人の破産者にとっては、破産手続以上に免責手続が重要であるといえます。裁判所から免責許可決定を受けることによって、破産債権についての責任（債務の弁済責任）が免除されるからです。そして、裁判所による破産債権についての責任を免除するとの決定を「免責許可決定」といいます。この免責許可決定が確定することにより、当然に復権（251ページ）して破産者ではなくなります。免責許可決定の確定までの手続きは、①免責許可の申立て（破産手続開始の申立てと一体）、②免責の審理、③免責許可決定、④免責許可決定の確定、の手順でなされます。

■ 免責手続の大まかな流れ ┈┈┈┈┈┈┈┈┈┈┈┈┈┈┈┈┈┈

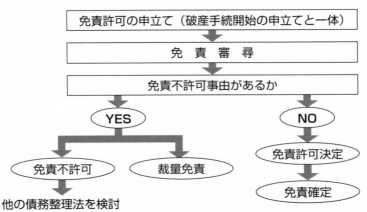

※破産法で定める免責不許可事由があっても、裁判所が免責相当と判断した場合には免責の決定がなされる。これを裁量免責という。会社代表者個人の破産については裁量免責が行われることがある。

4 自己破産するとどんなデメリットがあるのか

同時廃止の場合と管財事件の場合で被る不利益が違う

▌自己破産するとデメリットもある

　破産手続開始決定は、債務者に都合のよいことばかりではありません。さまざまなデメリットがあることは確かです。任意整理や特定調停、民事再生手続といった債務整理の手続きでは、それらの手続きを開始したことによって、債務者に課せられる法律上の制限は特にありません。しかし、そうしたデメリットも、免責許可決定を受けて復権（破産者に生じた資格制限などを解除して破産者の本来の法的地位を復活させること）するまでのことですから、しばらくの間辛抱すればすむことです。

　破産手続開始決定がなされると、破産者となった債務者には、主として次のようなデメリットが生じます。

① 財産の管理処分権を喪失する

　破産手続開始決定を受けて破産管財人が選任されると、破産者は、破産財団（配当のもとになる破産者の財産）に対する管理処分権を失い、その管理処分権が破産管財人に帰属します。

② 説明義務および重要財産開示義務

　破産者は、破産管財人や債権者集会などの求めに応じて、財産・負債の状況や破産に至った事情など、破産に関して必要な事項を説明しなければなりません（説明義務）。さらに、破産者は、破産手続開始後、自らの所有する不動産・現金・有価証券・預貯金その他裁判所が指定する財産の内容を記載した書面を裁判所に提出しなければなりません（重要財産開示義務）。これらに違反すると破産犯罪として処罰される他、免責不許可事由にもなります。

③ 居住が制限される

破産者は、裁判所の許可を得ないで引越しをすることや、海外旅行など長期の旅行をすることはできません。違反すると免責不許可事由になります。

④ 破産者の引致

破産者が説明義務を尽くさなかったり、破産手続の妨害をしたりすると、裁判所に引致（身柄の拘束）されることがあります。

⑤ 通信の秘密の制限

破産者宛の郵便物は破産管財人に配達されます。破産管財人は受け取った郵便物を開封し、読むこともできます。破産者は自分宛の郵便物であっても、見せてもらうことはできますが、破産財団に関係のある内容の郵便物を渡してもらうことはできません。

⑥ 公法上の資格制限

破産者は、復権するまでの間、弁護士・弁理士・公認会計士・税理士・公証人・司法書士・行政書士などになれません。これらの職にある人は、破産手続開始決定を受けると資格を失います。しかし、教員・自衛隊員・一般公務員・薬剤師・医師・看護師・建築士などの職にある人は、破産手続開始決定を受けても資格を失うことはありません。破産者が選挙権や被選挙権を失うこともありません。

⑦ 私法上の資格制限

破産者は、復権するまでの間、後見人・保佐人・遺言執行者などになれません。財産管理権を奪われているからです。また、原則として、持分会社（合名会社、合資会社、合同会社）の社員（出資者）は退社となります（社員の地位を失います）。株式会社の取締役については、いったんは取締役の地位を失いますが（破産手続開始の決定が委任の終了事由であるため）、その者を株主総会で再び取締役として選任することは可能です。

⑧ その他の制限

破産者は、本籍地の市区町村役場にある「破産者名簿」に登録されます。よく「破産すると戸籍に載る」と言われますが間違いです。破産者名簿は戸籍とは別のもので、しかも非公開ですから第三者が見ることはできません。また、免責許可決定を受けている場合は名簿に記載されません。破産者名簿に登録されているという事実も、戸籍や住民票には記載されません。子どもの結婚や就職などには支障がないといえるでしょう。

　ただし、破産手続開始決定を受けたことや、それに伴って破産管財人が選任されたことなどは、政府が発行している「官報」という広報紙に公告（掲載）されます。しかし、官報の内容を細かく読んでいる人は少ないといえるでしょう。なお、個人民事再生手続が開始された場合も官報に掲載されます。

　破産手続開始決定を受ければ、5〜7年の間は、信用情報機関の「事故情報」に掲載されます。したがって、新たにクレジットカードを作ったり、金融機関から融資を受けたりすることが難しくなります。銀行などで新たにローンを組むことも難しいでしょう。なお、世間では「ブラックリスト」などと称して、破産者などの信用状態に問題がある人のリストが、さも存在するかのような言われ方がされていますが、これは正しくはありません。個人信用情報は債務者単位で整理さ

■ ブラックリストと信用情報機関 ……………………………………

ブラックリスト	株式会社シー・アイ・シー（CIC） ☎ 0120(810)414
	株式会社日本信用情報機構（JICC） ☎ 0120(441)481
	全国銀行個人信用情報センター（JBA） ☎ 0120(540)558

れているだけで、そのような情報にアクセスできるのは、債務者本人
とその信用情報機関に加盟している金融機関や金融業者に限られてい
ます。もちろん、一般に公開されたりはしません。

■ 破産手続開始決定を受けるとこんな制限を受ける ⋯⋯⋯⋯⋯⋯

1　公法上の資格制限

●資格を喪失する主な職種

弁護士、公認会計士、税理士、弁理士、公証人、司法書士、社会
保険労務士、不動産鑑定士、人事院人事官、検察審査員、土地家屋
調査士、宅地建物取引業者、公正取引委員会の委員長および委員、
商品取引所会員・役員、証券取引外務員、生命保険募集員および
損害保険代理店、警備業者および警備員、国家公安委員会委員、
質屋、風俗営業者および風俗営業所の管理者、教育委員会委員、
日本中央競馬会の役員

2　私法上の資格制限

●民法上の制限

後見人、成年後見監督人、保佐人、遺言執行者になれない

●会社法上の制限

合名会社・合資会社・合同会社の社員については退社事由
株式会社の取締役、監査役については退任事由（ただし、復権する
前であっても株主総会で再度選任することは可能）

3　破産管財人がつく場合の自由の制限

＊財産の管理処分権を失う
＊勝手に転居したり旅行に行けない
＊郵便物は破産管財人に届けられ、開封されることもある
＊財産隠しやウソをつくと身柄を拘束される
＊破産管財人や債権者集会の請求により、破産までの経緯を説明
　しなければならない

5

保証人が自己破産することもある

債務者本人が自己破産する場合に検討する

▍特に連帯保証人の責任は重い

　借金の申込みをする際に、借主（主たる債務者）が債権者から保証人をつけるように求められることがあります。ご承知のように、保証人は、借金の返済ができなくなった主たる債務者の代わりに、その借金の支払いをする責任を負います。法律的には、保証人が借主に代わって支払った分は、後で借主本人に返してくれるよう請求（求償）できることになっています。しかし、保証人が返済をしなければならないような場合は、既に主たる債務者には支払能力がなくなっていることがほとんどです。そうなれば、保証人が肩代わりした分は、結局は取り戻すことはできません。

　ところで、保証人になるということは、他人の債務を保証するということですが、これは、債権者と保証人との間の契約によって成立します。これを保証契約といいます。保証契約は書面（契約書）による合意が必要で、口約束だけでは成立しません。

　保証には、通常の保証と連帯保証の2種類があります。

　通常の保証の場合、保証人は、①催告の抗弁権といって、保証人が債権者から請求を受けた場合には、まず主たる債務者に支払請求をするように主張できます。また、②検索の抗弁権といって、保証人が債権者から請求を受けても、まず主たる債務者の財産について執行するように主張できます。さらに、③保証人が複数いる場合には、分別の利益といって、原則として保証人の数に応じて分割した額についてだけ支払えばよいことになっています。

　しかし、連帯保証の場合には、上記の①～③の主張は一切許されま

せん。つまり、連帯保証人（連帯保証をした保証人）の場合は、主た
る債務者と同じ立場で債権者からの請求に応じなければならないので
す。債権者としては、主たる債務者と連帯保証人と、取り立てやすい
方に請求することになります。債権者にとっては、同じ保証人とは
いっても連帯保証人がいる方が有利ですから、一般に行われている保
証は、ほとんどの場合がこの連帯保証です。

債務者が自己破産した場合は

　このように、同じ保証人であっても、連帯保証人は主たる債務者と
同じような立場で責任を負うことになるわけですから、連帯保証人に
なることは、主たる債務者と同じ借金を自分も負担するようなもので
あるといってよいでしょう。

　ところで、もし主たる債務者である借主が自己破産をして免責を受
けたとすると、借主自身は借金から免れることができるのに対し、保
証人は免責されません。また、保証人が借金の肩代わりをしても、借
主が自己破産をして免責を受けると、保証人が借主から肩代わりした
分を取り戻すことが不可能になってしまいます。

　このような場合、保証人も支払不能ということであれば、保証人の
方も自己破産せざるを得なくなります。つまり、他人の破産に巻き込
まれて、自分も破産せざるを得ないことになるわけです。

保証人はどう対応する

　他人の保証人になるということは、大きなリスクを伴うものですか
ら、借主に頼まれても、簡単に保証を引き受けてくれる人はそうはい
ません。また、保証契約は書面（または電磁的記録）を作成して結ぶ
必要があります。ただ、ときには借主が勝手に保証人の印鑑を持ち出
して、保証契約を締結してしまうことが起こります。もちろん、保証
人のまったく知らないところで結ばれた保証契約の効力は保証人に及

びませんから、債権者から支払請求を受けても、保証人になった覚えがなければ、債権者の請求を拒絶することができます。しかし、債権者の側も、保証人の印鑑が押された契約書を示して支払請求をしてくるでしょうから、トラブルが訴訟に発展するおそれがあります。

ところで、借主が自己破産することを保証人が事前に知ることができれば、主たる債務者に自己破産することを思いとどまってもらって、保証人が協力しながら、主たる債務者について任意整理をすることも考えられます。しかし、この場合は保証人にもある程度の資力があることが必要です。また、保証人自身も自己破産ではなく、任意整理や特定調停（160ページ）などの破産以外の手続きで保証債務を整理することも可能です。

しかし、保証人としても、どうしても支払いが不可能な状況にある場合には、やはり自己破産をせざるを得ません。

保証人がいる債務者はどうすべきか

このように、債務者（主たる債務者）が自己破産をすると、保証人に大きな迷惑をかけることになりかねませんから、保証人がいる債務者が自己破産の申立てをするときには、必ず事前に保証人にも相談するようにしましょう。

どうしても保証人に迷惑をかけたくない場合は、任意整理の方法を選択することが考えられます。任意整理では保証人がついた債務を整理の対象から外すことで、他の借金を整理することができます。また、住宅ローンに保証人がついているときは、住宅資金特別条項を利用した個人民事再生（172ページ）を選択することで、保証人に迷惑をかけずに借金を整理することができます。

ただし、両者とも債務者にある程度の返済能力が必要であり、返済能力がない場合は、債務者としては自己破産を選択せざるを得なくなります。その場合でも、自己破産申立前に、債務者自身が所有する不

動産を任意売却すれば、通常は競売よりも高値で売却できるため、残債務がある場合でも、保証人への負担を軽減させることができる可能性があります。

　一方、保証人に返済能力がない場合、債務者が自己破産すれば、保証人は一括返済を請求され、支払いができない場合は給料などを差し押さえられる危険性が生じますので、保証人自身の債務整理も必要になってきます。したがって、保証人のいる債務者は、自己破産申立前に、必ず保証人に相談すべきです。保証人に無断で自己破産をすると、その後に保証人にふりかかる迷惑は計り知れません。

　他人の保証人になったばかりに、人生を狂わせてしまった人の話はよく聞きます。実際にも、保証人になったために自己破産に追い込まれるケースは多いようです。保証人になることを他人に依頼することは、その他人も自分の借金問題に巻き込むことになるわけですから、よほど慎重でなければなりません。債権者から保証人を立てることを要求される段階になってきたら、債務整理を考える潮時なのです。

■ 連帯保証とは ··

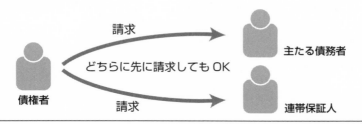

＊保証人（通常の保証をした保証人）と連帯保証人の主な違い

　保証人には、**催告の抗弁権**（債権者が保証人に請求してきた場合に、まず主たる債務者に請求するように主張できる保証人の権利）と、**検索の抗弁権**（債権者が主たる債務者に請求した後であっても、まず主たる債務者の財産に執行せよと主張できる保証人の権利）が認められているが、連帯保証人にはこれらの権利は認められていない

6

裁判所への申立てにかかる費用はどのくらいか

印紙代、予納郵券、予納金がかかる

印紙額・予納郵券・予納金がかかる

　破産手続の申立てなどに際して、裁判所に納める収入印紙・予納郵券・予納金は、さほど多額ではありませんが、それでも大きな借金を抱えた人にとっては負担を感じるでしょう。収入印紙は破産申立書に貼ります。個人の自己破産および免責申立ての印紙額は1500円です。予納郵券は、裁判所が申立人や債権者に各種の通知をしたりするのに必要な切手を、申立て時にあらかじめ納めるものです。予納郵券の金額や内訳（切手の種類・枚数）は、裁判所によって違うので、申立てをする裁判所の破産部の窓口に問い合わせるとよいでしょう。

　さらに、破産の申立てをしたら、裁判所から指定された予納金を納付しなければなりません。予納金とは、裁判所に破産手続を進めてもらうために必要な費用です。申立人が申立てに際し、裁判所から渡された用紙に必要事項を記載し、指定された窓口で現金で支払います。

　ただし、郵送で申立てを行う場合は、後日の振込みとなります。なお、管財事件の場合は、予納金額が高額となることから、裁判所によっては分割払いが認められることがあります。予納金の支払いを怠ると、破産手続開始決定が却下され、破産手続自体が行えなくなりますので、必ず支払うようにしましょう。

①　管財事件の場合における予納金

　管財事件になれば破産管財人が破産手続を進めますが、予納金は、破産手続の費用や管財人の報酬などの支払いにあてられます。管財事件における予納金の額は債務総額によって異なりますが、個人の自己破産でも最低50万円はかかると考えておいた方がよいでしょう。

なお、債務者の財産自体が少額の場合もあります。残っている財産がそれほど多くない場合、管財事件になると、債務者にとって予納金が重い負担となるため、予納金が用意できないために破産管財人を選任できなかったり、手続が難航するケースが多くあります。そこで、東京地裁を始め大阪地裁など多くの裁判所では、このような場合に備えて、弁護士が代理人になっていることを条件として、少額管財事件という特殊な取扱いを行っています。申立先である裁判所が少額管財事件を運用しているか事前に確認してみましょう。

② 同時廃止の場合における予納金

　同時廃止になれば、破産管財は選任されず、破産手続開始決定と同時に破産手続が終了しますので、破産手続の費用や破産管財人の報酬としての予納金は不要です。しかし、官報への公告費用など若干の費用がかかりますから、その分を予納金として裁判所に納める必要があります。同時廃止における予納金は、東京地裁の場合は1万1859円となっています。

裁判所に納める予納金が手もとにないときは

　自己資金で準備できないときは、信頼できる家族・親戚・知人などに事情を話して借りるしかありません。生活保護を受給している場合や収入が低い場合は、法テラスで民事法律扶助を受けることができま

■ 自己破産・免責申立に必要な手続費用（東京地方裁判所の場合）…

	自己破産（管財事件）申立費用	
	法人の破産	個人の破産
収入印紙	1000円	1500円 （破産申立て分：1000円、免責申立て分：500円）
予納郵券	4200円（債権者申立および大規模な法人の破産（特定管財事件）の場合は6000円）。ただし、債権者が多い場合、追加での予納郵券の支払を求められることがある	

す。消費者金融などから新たに借金をして予納金を納めることは、絶対にしないようにしましょう。

少額管財にすると予納金が安くすむ

　少額管財とは、多額の予納金が必要である管財事件の手続費用を少額化して、手続の迅速や費用の軽減を図った制度です。東京地裁が始めた制度で、現在では多くの裁判所が少額管財の運用を行っています（各裁判所によって予納金の額などが多少異なります）。

　破産手続にかかる予納金の金額は、各裁判所において違いがあり、しかも予納金は必ず裁判所に納める義務があります。破産者に多少とも財産があって管財事件になった場合は、同時廃止のときには1万1千円程度ですむ予納金が、50万円から150万円と、債務総額によっては高額になり、経済的負担は大きくなります。そこで、少額管財事件を利用すれば、予納金は20万円程度でよくなります。

　少額管財手続の対象は、自己破産申立事件で、破産管財人をつける必要のある事件です。債務総額の大小や不動産があるかどうかは問いません。ただし、代理人として弁護士がついている自己破産申立事件に限ります。少額管財手続の申立ては、債務者から受任した弁護士が行います。東京地裁を例にして説明すると、申立当日に、予納金を納める前に審尋（審問）を受けることができます。このとき、債務者本人が同行する必要はありません。その他、収入印紙代と予納郵券を申立時に納めます。予納金は破産手続開始決定の審尋の後で納めることも可能です。審尋が終われば、裁判所から管財人候補者と第1回債権者集会の開催日について連絡があります。この間、代理人弁護士が管財人候補者と連絡をとりあって準備を進めます。破産手続開始決定は審尋した日の翌週の水曜日午後5時付けで出されます。

　その後、債権者への配当が実施できる場合は第1回債権者集会が開催されますが、これが実施できない場合は異時廃止となります。

7

破産申立ての関係書類の書き方と添付書類について知っておこう

記載に不備やウソがあると開始決定や免責に影響するので注意

破産申立書を書いてみる

　個人が自己破産を申し立てる場合は破産手続開始・免責許可申立書を提出しますが、主な記載事項は、①申立人の住所・氏名・生年月日・本籍・現住所などの申立人に関する事項と、②申立ての趣旨・理由です。この書式は、各地方裁判所によって少し異なります。

　なお、申立書や陳述書などの申立てのための書類をセットにした定型書式が裁判所に用意されています。簡単なアンケートに答えた上で「一人でも申立てができる」と判断した場合に、申立書の原本を貸し出してくれる裁判所もあります。しかし、申立件数が多いこともあり、東京地方裁判所の本庁では「一人でも申立てができる」と判断してもらえる場合はほとんどないので注意が必要です（弁護士会などに相談するように勧められます）。

本籍・住所の記載

　本籍および住民票の住所は、戸籍謄本や住民票を取り寄せて正確に記入します。「真」と「眞」などのように、普段使っている漢字と、戸籍や住民票の漢字とが異なる場合もありますから注意しましょう。裁判所の書式によっては、「別添戸籍謄本記載のとおり」となっている場合もあります。なお、取り寄せた戸籍謄本や住民票は、申立てをするときに添付書類として一緒に提出します。

　現住所・連絡先電話番号は、裁判所からの連絡の際に必要になるので正確に記入します。連絡先は、昼間に連絡がとれる電話番号を書きます。現住所は、アパート・マンション名、部屋番号、呼出まで書き

ます。取立てから逃れる目的などから、住む場所を変えており、住民票の住所と現在の住居とが違うときは、現住所には現在の住居の場所を書きます。なお、申立て後に引越しを行った場合は、すぐに裁判所に連絡することが必要です。

申立ての趣旨・理由

　個人の自己破産の申立ての場合は、破産手続開始・免責許可申立書に申立ての趣旨・理由が記載されているのが通常です。記載がない場合、申立ての趣旨には、「申立人の破産手続を開始する」「申立人の免責を許可する」という内容を記載します。申立ての理由には、「債権者一覧表のように債務を負担しているが、陳述書や財産目録記載のとおり支払不能の状態にある」ことを記載します。

陳述書は最初の関門

　多くの裁判所では、申立人の現在の状況を詳細に把握するために、申立人本人が書いた陳述書の提出を求めています。陳述書の記載内容は、破産手続開始決定をするかどうかを裁判所が決定する際の重要な資料になります。陳述書には、申立人の氏名押印の他に、①経歴等、②破産申立てに至った事情、③これまでの生活状況等、④債権者との状況、を記入します。なお、裁判所から入手した書式に記入する場合で、記載内容が多く記入欄が足りなくなった場合には、同じ大きさの用紙に書いて、陳述書の直後に付け足します。

①　経歴等

　10年前から現在に至るまで（過去10年間）の経歴を古い順に書いていきます。多くの人は勤務先の会社名を古い順に書くことになるでしょう。勤務先にはアルバイトも含みます。数日間程度のごく短期のアルバイトについては、記入漏れがあっても、あまり影響はないようですが、極力正確に書くようにしましょう。

次に、現在の仕事について記入します。無職・自営・勤務（勤めている）のいずれに該当するのか、勤務先名、給料・ボーナスの額などを書きます。勤務の場合には、直近２か月分の給与明細書のコピーもしくは直近１年分の源泉徴収票（これらがない場合は課税証明書）のコピーの提出が必要です。一方、申立人が事業主である場合もしくは過去２年以内に事業を営んでいたことがある場合（会社の代表者を含む）には、事業内容や負債内容、従業員の状況などに関する「事業に関する陳述書」が必要です。さらに、自営の場合は過去２年分の所得税の確定申告書のコピーを、会社の代表者の場合は過去２年分の事業年度分の確定申告書および決算報告書のコピーを提出します。

② 　**破産申立てに至った事情**

　多額の借金をした理由、全額の返済が難しいと思い始めた時期、申立費用の調達方法など、破産申立てに至った事情を記載します。

　多額の借金をした理由については、生活費不足、住宅ローンの負担、ギャンブル、事業資金など、項目ごとにチェック欄が設けられていますので、該当するものにチェックし、具体的な事情を記載します。申立てが認められるかどうかの重要な判断要素になるため、具体的かつ正確に記入します。申立て後に行われる審尋の際の参考材料にもなりますので、絶対にウソの記入はいけません。なお、住宅ローンの支払いを理由とする場合には、その不動産の登記事項証明書の提出も必要です。

③ 　**これまでの生活状況等**

　破産申立てをするまでの申立人の生活状況を記載します。隠しておきたいと思う事項もありますが、ここで逃げ出してはいけません。これまでの自分の生活状況に正面から向き合いましょう。

④ 　**債権者との状況**

　これまで債権者と借金の支払いについて話し合いをしたことがあるのか、訴訟や差押えを受けていたりするのかについて記載します。

資産目録は第2の関門

「資産目録」あるいは「財産目録」と呼ばれる書類は、同時廃止になるのか、管財事件になるのかを見極めるポイントになります。ウソの記述があったり、不備があったりすると、後で免責が認められないことがありますので注意してください。破産手続開始決定の申立てにおいて、資産目録は、陳述書や債務者一覧表に並ぶ重要な書類です。以下、注意すべき点を見ていきましょう。

資産目録に主に記載すべきことは、破産申立時に、申立人が持っている資産の状況です。一つひとつ本当のことを正確に記入します。申立人が事業主などでない個人の場合には、売掛金や事業設備などは手元にないと思いますが、それ以外の資産は、事業主などである個人でもそうでない個人でも、記入事項に大きな違いはありません。個々の資産の項目に、証明書や謄本などの添付書類が必要かどうかの指示がありますから、そのチェックも大切です。

資産目録には、申立時現在で残っている資産などを記載します。不動産の有無・その価格、残っている現金や預貯金の額、生命保険や簡易保険などの各種保険の有無と解約返戻金の額、退職金の見込額、貸付金や売掛金の額、手形・小切手などの有価証券、その他売却して換価できそうな動産など、あらゆる資産の状況について記載します。その他、申立てから2年以内に処分（売却）した財産で処分額が20万円を超えるものなどの記載も必要です。

不動産についての数字の記載は、算用数字ではなく「壱弐参拾」のように登記事項証明書などの記載に従う必要があります。預貯金については、残額がゼロ円でも通帳のコピーが必要です。保険については、失効しているものがあれば保険会社に失効しているとの証明書を作成してもらう必要があります。さらに、不動産や自動車などの登記・登録名義が自分になっている場合は、実際には自分で使用していなくても、すべて記入する必要があります。

家計全体の状況（家計収支表）について

　家計全体の状況（家計収支表）は、申立前２か月分を記入するのが基本です。もっとも、厳しい取立てに合うなど、神経をすり減らしている状況では、２か月前のことすら思い出せるか不安になるかもしれませんが、神経質になる必要はありません。

　毎月の収入は、給与明細や預金通帳があれば確認できますし、年金や生活保護の受給金額は、役所の担当部署へ問い合わせれば判明します。支出についても、地代・家賃・公共料金などは、領収書や預金通帳（口座引落しの場合）があれば確認できるでしょう。食費やその他の生活費は、日常的に家計簿などに記入していればよいのですが、そうでなければわかる範囲で書きます。

　なお、申立人の収入・支出だけではなく、親や配偶者などのうち同居している人の収入・支出も、あわせて書く必要があります。誰の収入でどのように暮らしているのかもわかるように書きます。

債権者一覧表は第３の関門

　債権者一覧表は、申立人の負債の状態を把握するための重要な書類です。最初に借入れをした日を基準にして、借入れや購入年月日の古

■ 破産申立ての関係書類の作成ポイント ……………………………

破産手続開始・免責許可申立書	住所・氏名・生年月日などの必要事項を書く
陳述書	経歴等や破産申立てに至った経過などを具体的に書く
債権者一覧表	すべての負債を記載漏れがないように書く
資産目録	申立時に持っている資産の状況を正確に書く
家計全体の状況	親や配偶者などで同居している人の収入・支出についても書く

いものから順に書いていきます。金融業者や信販会社からの借入れだけではなく、勤務先からの借入れ、家賃の滞納分、生命保険会社からの契約者貸付、親族からの借入れなども忘れずに記入する必要があります。とにかく、ありとあらゆる負債について記入するわけです。同じ債権者から何回も借り入れている場合には、初めて借り入れた時期を基準として、金額・使い道などをまとめて記入します。

　債権者が多数いて、一枚の用紙に収まらない場合には、あらかじめ用紙をコピーしておきましょう。債権者名や債権者の住所は、破産手続開始決定を受けた後、裁判所から郵便で通知を送るのに必要です。ここで債権者や負債の記載漏れがあったり、ウソの記述があったりすると、破産手続開始決定を受けることができたとしても、後々厄介なことになります。ここに記載されなかった負債は、後に免責を受けても免責の対象になりません。せっかく苦労して自己破産しても、再び債権者から取立てを受けることになりますし、何よりも一度免責を受ければ、原則として、その後7年間は免責を受けられませんから、その借金からはもう逃れる術はありません。包み隠さず書きましょう。

▌申立後は債権者への通知をする

　法律上、民事調停や自己破産の申立てなどの裁判手続きをとったという通知を債務者から受け取った後、貸金業者やサービサーなどの債権者が、債務者に対して支払請求をすることは禁止されています。そこで、破産申立てが受理されたら、債務者から債権者に対して破産申立て済みであるとの通知書を「事件番号」を表示して送りましょう。通知書には、①破産申立てに至った事情、②今後の裁判手続きに協力してほしいこと、③裁判所名と事件番号を必ず書いておきます。

　この通知によって、債権者は債務者に破産申立てがあったことを知ることになり、その後は、債務者に支払請求をすることはなくなるでしょう。しかし、通知書を受け取った後も取立てを続ける悪質な貸金

業者やサービサーなどもいます。その場合は監督官庁に申し立てて指導をしてもらうとよいでしょう。それでもなお強硬に取立てにくる貸金業者やサービサーなどに対しては、裁判所に「取立禁止の仮処分」を申し立てることもできます。

■ 自己破産申立時に必要なその他の書類 ………………………………

●申立てに最低必要な書類
- □ 住民票（3か月以内発行で、世帯全員のもの）
- □ 戸籍謄本（3か月以内発行のもの）
- □ 生活保護・年金・各種扶助などの受給証明書のコピー
- □ 給料明細書のコピー（直近2か月分）
- □ 源泉徴収票または区役所発行の課税証明書のコピー（課税証明書のない人は不要）(直近1年分)
- □ 退職金（見込）額証明書等
- □ 通帳のコピー（申立前2週間以内に記帳し、表紙・表紙裏面部分、申立前1～2年分の取引部分、取引がなくても定期部分）
- □ 保険証券、保険の解約返戻金証明書のコピー
- □ 車検証・登録事項証明書・査定書のコピー

●不動産所有者の人が必要な書類
- □ 不動産登記事項証明書（3か月以内発行のもの）
- □ 不動産評価関係書類
- □ ローン残高証明書
- □ 不動産物件目録
- □ 固定資産評価証明書

●自営業（個人事業者・法人代表者）の人が必要な書類事業に関する陳述書として、
- □ 業務内容、営業状態、倒産に至る経緯、営業継続の有無
- □ 資産、負債の概要、整理、清算の概況
- □ 従業員の状況、解雇の有無、破産申立予定の有無
- □ 法人に関する訴訟の有無、破産申立予定の有無
- □その他、税金の申告書控え（直近2年分）のコピー

※各裁判所により若干異なります。

弁護士に依頼すれば、介入通知を出してもらえる

　破産手続を弁護士に依頼した場合は、破産申立てをしたとの通知書を弁護士が送付します。弁護士に自己破産の申立てを委任すると、弁護士は、貸金業者やサービサーなどに「債務者○○の債務の整理について受任したので、以後連絡は弁護士宛にするように」という内容の書面を発送します。これを「弁護士介入通知」などと呼んでいます。法律上、これが貸金業者やサービサーなどに到達すると、電話や訪問などによる直接の取立行為ができなくなるため、通常は破産申立ての前でも取立行為が止まります。

申立ての際には添付書類の提出も必要

　個人が自己破産の申立てをするには、破産手続開始・免責許可申立書を管轄の地方裁判所に提出するわけですが、その際に住民票や戸籍謄本など、さまざまな添付書類の提出も必要です。主な添付書類については、前ページ図を参照してください。

① 　住民票

　家族全員の記載があって、世帯主・続柄・本籍地が省略されていないものです。発行後3か月以内のものが必要です。住所地のある市区町村役場の窓口で手に入りますが、郵送でも請求できます。

② 　戸籍謄本

　世帯全員の記載がある謄本が必要で、これも発行後3か月以内のものが必要です。本籍地のある市区町村役場の窓口で手に入りますが、郵送でも請求できます。本籍地と住民票のある住所地が異なる場合は、請求する市区町村役場も異なる場合がありますので注意しましょう。なお、戸籍謄本の提出を要求しない裁判所もあります。

8 破産審尋から破産手続開始決定を受けるまで

1〜2か月程度で破産手続開始決定を受けることができる

審尋期日がやってくる

　自己破産の申立てをすると、破産手続開始決定の前に、裁判所が債務者を呼び出して事情を聞きます。これが審尋（審問）と呼ばれる手続きです。なお、東京地裁では「即日面接」という独自の運用が行われていることに注意を要します（237ページ）。

　裁判所は、審尋をした上で、破産手続開始決定をするかどうかを決めます。呼び出しを受けた申立人は、必ず指定の期日に裁判所へ出頭しなければなりません。急病などで出頭できない場合は、審尋期日を変更してほしいとの上申書を、診断書などをつけて提出しなければなりません。

　申立人の審尋と債権者から回答された意見聴取書をもとに、裁判所は、申立人について破産手続開始決定を行い、申立人に一定以上の財産がなければ同時廃止の決定をすることになります。自己破産の申立ての時点から、おおよそ1〜2か月後、申立件数の多い裁判所では、おおよそ2〜3か月後である場合が多いようです。

審尋のポイントは何か

　個人が破産手続開始決定を受けるには、債務者である申立人が支払不能の状態にあることがポイントになります。審尋は、申立人が支払不能の状態にあるかどうかを、裁判所が判断するために行われます。

　申立時に提出した陳述書の中で、申立人は、生活状況や借金の支払いができなくなった事情などを詳しく述べて、支払不能の状態にあることを明らかにすることが大切です。そのためにも、陳述書は正確か

つ正直に書いておきましょう。

　審尋は、申立ての記載内容などに問題がなければ、通常1回で終わります。審尋の後、申立人が支払不能の状態にあると判断されれば、破産手続開始決定がなされます。反対に、申立人が支払不能の状態にないと判断されれば、破産手続開始決定はなされません。

▌審尋期日から数日後に破産手続開始決定

　審尋の結果、申立人が支払不能の状態にあれば、破産手続開始決定がなされます。裁判所によって多少扱いは異なりますが、審尋期日から数日後に破産手続開始決定が出されることが多いようです。そして、破産手続開始決定がなされた時点から、債務者である申立人は破産者になります。なお、破産手続開始決定は、官報に公告されるとともに、破産管財人や債権者などに通知されます。

▌破産手続開始決定が確定した場合

　破産手続開始決定がなされると、債権者は個別に権利を行使することができなくなります（別除権を持っている債権者は破産手続によらずに権利行使可能）。既に債権者からの取立ては止まっているでしょうが、債権者はさらに一段と制約を受けるようになります。

　なお、破産手続開始決定後に破産者が得た新たな財産は、自由財産として99万円まで自由に使うことができます。見方によっては「新しい生活はここから始まる」ともいえるわけです。

■ 破産審尋と破産手続開始決定 ･････････････････････････

破産審尋

判　断 ▶ 支払不能 ▶ 破産手続開始決定

9 破産管財人が選任されると管財事件になる

破産管財人によって財産の分配が公平に行われる

破産申立てに関する運用

　破産手続は地方裁判所によって手続運用が異なります。たとえば、東京地裁の場合、個人の自己破産について弁護士に依頼すれば、弁護士が裁判所に直接申立書を持参して提出した場合、原則として、申立日またはその翌日から3日以内に、弁護士と裁判官との面接を行うという独自の運用が行われています（即日面接）。

　即日面接において、裁判官は、弁護士から事情を聴取し、同時廃止にするか管財事件にするかを判断します。管財事件になるとしても、少額管財事件となることが多いようです。また、約3か月後に債権者集会の期日が設定されます。管財事件の場合、破産者は債権者集会に出席しなければならなくなります。

管財事件になる場合

　自己破産の申立人に配当すべき財産や不動産がある場合、裁判所は、破産手続開始決定と同時に破産管財人を選任して、破産者の財産の換価・配当という手続きをとります。これが本来の破産手続であって、破産管財人が選任される場合を管財事件といいます。

　不動産がある場合は管財事件となるのが通常ですが、不動産の価値よりも住宅ローンの残金が多い場合（オーバーローン）、その程度によっては同時廃止となることがあります（各裁判所のオーバー論の基準については245ページ参照）。また、管財事件になったとしても、東京地裁の場合などは、少額管財事件として特殊な取扱いがなされることが多いようです。管財事件となった場合、破産手続開始決定後は、

次のような手続きで進行していきます。

① **破産管財人の選任**

　破産管財人（管財人）は、破産手続において破産財産（配当のもとになる破産者の財産）の管理・処分を行う機関です。管財人に選任されるのは、ほぼ例外なく弁護士ですが、選任は裁判所が行います。管財人が選任されると破産財団の管理処分権が管財人に移ります。管財人は、破産財団を迅速かつ正確に調査して、すべての債権者に公平に分配できるように手続きを進めていきます。

② **債権届出期間の決定**

　裁判所は、破産手続開始決定と同時に債権届出期間を定めます。債権者は、この期間内に債権を届け出ることによって破産債権者となり、債権者集会で議決権を行使できるようになります。

③ **第1回債権者集会の期日の指定**

　破産手続では、重要な事項について破産債権者の決議が必要とされています。債権者の意思を尊重し、公平を図るためです。そこで、破産財産の状況などを債権者に報告する場として、第1回の債権者集会は重要な意味をもっています。原則として、裁判所は破産手続開始決定と同時に、第1回債権者集会の期日を指定します。

④ **債権調査期間の決定**

　債権調査期間の決定も破産手続開始決定と同時になされます。債権調査手続において、管財人が債権の存在や残額・優先劣後の順位などを確定し、債権者に配当するための準備がなされます。

⑤ **破産財団の換価・配当**

　破産者に残っている財産は破産財団という形でひとまとまりにされ、適切な方法で売却されます。管財人は、裁判所の監督の下、破産財団に含まれる財産を売却して現金に換えていき、債権者に分配する準備をするのです（241ページ）。管財人は、届け出ている債権者に対し、債権額に比例して順次分配します。これを配当といいます。たと

えば、債権者A・B・Cの3人が、それぞれ100万円：200万円：200万円（＝1：2：2）の債権を持っている場合で、分配できる金銭が100万円とすると、A・B・Cの取り分は、それぞれ20万円：40万円：40万円（＝1：2：2）となります。このような分け方を按分比例といいます。配当の終了によって破産手続は終了します。

▌破産債権を確定する

特に管財事件の破産手続は、債権者への配当（弁済）を目的としていますから、破産者に対してどれだけの債権があるのかを確定しなければなりません。その手続きとして、債権届出と債権調査があります。

債権者は、裁判所が指定した債権届出期間内に、自分の債権を届け出なければなりません。債権届出期間は公告され、債権者一覧表などにより判明している債権者には通知されます。届出のあった債権については、裁判所書記官が「破産債権者表」を作成し、債権表のコピーが破産管財人（管財人）に渡されます。

そして、債権調査期日には、届出のあった債権について、債権者の氏名・住所、債権の額・原因、優先権や別除権（抵当権付きの債権な

■ 破産手続きの流れ（東京地裁）・・・・・・・・・・・・・・・・・・・・・・・・・・・・・・

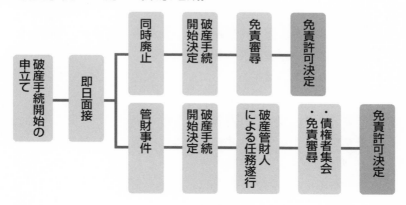

どのように、破産手続によらず、他の債権に優先して競売などによって回収ができる権利）など、注意すべきことはないかなどを調査します。管財人は、届出のあった債権の中身が真実かどうかを、債権調査期日が終わるまでにチェックしておきます。こうして調査された債権は、裁判所書記官によって破産債権者表に記載されます。問題がなく破産債権者表が確定すれば、破産債権者表の記載は、破産債権者全員の関係では、訴訟による確定判決と同一の効力をもちます。

▌債権者集会とは

破産手続開始決定がなされると、債権者は、もはや自分の債権を行使することができなくなります（別除権などの例外はあります）。債権者は、破産財団から債権額に応じた分配を受けることができますが、破産手続開始決定がなされた今となっては、債権者が全額を回収することは当然不可能といえるでしょう。

破産債権者は、最終的に少しでも多くの配当を受けられるよう、破産財団の管理が適切になされ、換価がより高額であることを望みます。したがって、破産手続の進行には重大な関心をもたないわけにはいかないため、場合によっては、対立する利害関係をもっている破産債権者間の意見を調整し、その共同意思を破産手続に反映させる必要があります。そこで、設けられたのが債権者集会です。

債権者集会は、裁判所が、破産管財人や債権者委員会、判明している（知れている）破産債権者の総債権について裁判所の評価額の10分の1以上にあたる破産債権を持っている債権者などの申立てによって、あるいは裁判所の職権で招集されます。

債権者集会には、破産者から報告を受ける権限や、管財人の解任請求の決議もできます。債権者集会の決議は、議決権を行使できる破産債権者で出席した者（または書面等投票をした者）の議決権の総額の2分の1を超える者の同意があれば、決議が成立します。

10

破産財団の換価・配当手続きはこうなる

換価される手続を一通り把握しておく

破産財団の換価について

　管財事件の場合には、破産手続開始決定後の手続きで、分配できる破産者の財産や配当を求める債権額が確定すると、破産管財人（管財人）が、破産財団に属する財産を換価して（金銭に換えて）、破産債権者に配当する手続きへと移っていきます。破産財団に属する財産を売却して換価するのは、債権調査が終了してから行うことが多いようです。しかし、換価の時期に関する制限はありませんので、換価できる財産を早期に換価することも行われています。

　換価の対象となる破産財団に属する主な財産は、①土地・建物などの不動産、②自動車・家具・日用品などの動産、③売掛金などの債権、④株式などの有価証券、⑤特許権などの知的財産権です。たとえば、100万円以下の動産・債権・有価証券は、裁判所の許可を得ずに、管財人の裁量による任意売却が可能です。これに対し、100万円超の動産・債権・有価証券の任意売却や、不動産・知的財産権の任意売却は、管財人が裁判所の許可を得て行います。

　不動産の場合、誰でも利用ができる空き地などの不動産であれば、不動産業者などを通じて買い手を探します。工場など特殊な用途にしか利用ができない不動産であれば、同業他社への売却を試みます。ただし、多くの場合、不動産には抵当権などの担保権が設定されており、余剰価値がないことが多いものです。抵当権などがついていると、買い手がつかなかったり、買い手がついても売却価額を値切られたりするため、担保権者との交渉が行われます。

　また、売却しても費用を上回る余剰が出ないような財産は、破産財

団から除外し、破産者などの自由な処分に委ねます。不動産については、固定資産税を支払ってもなお破産財団を増加させることができるかどうかを基準として、権利放棄するかどうかを決定します。

換価の後は配当へと進む

　管財人が破産財団に属する財産を換価して得た金銭は、届出債権者に順次債権額に応じて分配していきます。これを配当といいます。配当には、中間配当・最後配当・追加配当などがありますが、よほどのことがない限り、最後配当の手続きがなされるだけです。

　配当が終了し、破産手続終結決定がなされると、破産手続は終了します。しかし、これまで見てきたように、破産手続で債権者が完全に満足するのは不可能に近いことです。破産手続を経ても回収ができない債権は、依然として残ります。したがって、個人である破産者が完全に借金から解放されるには、さらに免責手続を経る必要があるのです。

　なお、破産手続の進行中でも、裁判所が破産財団では破産手続費用をまかなえないと認めた場合には、破産手続廃止決定をします。これを異時廃止といい、これによっても破産手続が終了します。

■ 破産財団の換価 ·····································

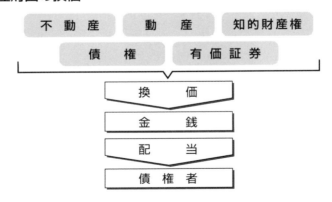

11

ローン中のマイホームを抱える人が自己破産するには

オーバーローンであれば同時廃止になる可能性がある

不動産があっても同時廃止になることも

　破産者にマイホームなどの不動産がある場合、原則的には管財事件となるはずです。しかし、管財事件になれば、最低でも予納金が20 〜 50万円程度かかります。しかし、こうした破産者の多くは、まだまだ相当な額の住宅ローンを残しているのが通常です。

　また、不動産の評価額が、購入時に比べて大きく下落していることもあります。このような担保割れの状態のときには、住宅ローンの債権者である銀行が抵当権を実行しても、多額の負債が残ってしまうことになります。これでは管財事件にした意味はありません。

　そこで、東京地裁などでは、個人の破産者が不動産を所有していても、その不動産によって担保される借金総額が、その不動産の換金価値の約1.5倍以上の場合、つまり「被担保債務残額÷不動産評価額＝約1.5倍以上」の場合（オーバーローン）で、債務者に他に大きな財産がないときは、管財事件とはせず、最初から同時廃止とする方針を打ち出しました。この方式が採用されている裁判所では、多額の住宅ローンによって返済に苦しんでいた債務者も、自己破産の申立てがしやすくなります。同時廃止の場合は、予納金が１万5000円程度の安い費用に収まるからです。

　しかし、1.5倍以上のオーバーローンで自己破産の申立てをして、同時廃止になったとしても、住宅ローンはそのまま残っています。自宅の抵当権者である銀行やその保証会社は、いずれは抵当権を実行してくるでしょう。同時廃止になれば、不動産の差押えも可能になり、抵当権者は競売を申し立てます。しかし、売却先が決まるまでには半

年から１年、物件によっては相当な時間がかかるケースもあります。売却されることになれば、結局は自宅を失うことになりますが、その間は、破産者が家に住んでいることも問題ありません。

　オーバーローンの場合で同時廃止にしてもらうためには、債務者が所有する不動産の評価額を明らかにする資料を裁判所に提出することが必要です。通常は、不動産鑑定士に依頼して作成してもらう不動産の時価に関する鑑定書か、路線価格に関する書面または固定資産税評価証明書などの書類を提出します。ただ、不動産鑑定士へ評価を依頼するのに多額の費用がかかりますから、この点については、所有する不動産の所在地の近隣にある不動産業者に対し、実際の取引価格を証

■ 不動産を所有する人の同時廃止手続 ……………………………

申立てに必要な書類

　受付時に追完を指示された通常の疎明資料等に加えて、以下の疎明資料等が必要となります。

① **不動産に設定されている担保権（国税の滞納処分による差押え等を含む）の一覧表**
　＊受付年月日、登記原因、権利者、債務者、現在の被担保債権等を正確に記載してください。

② **現在の被担保債権額を示す資料**
　＊残高証明書、代理人による債権調査票、電話聴取書等を提出してください。

③ **不動産の時価を示す資料（次のいずれかを提出）**
　(1)　最低売却価格が記載された期間入札等の通知書
　(2)　鑑定書
　(3)　路線価格に関する書面又は固定資産評価証明＋近隣の不動産業者２業者以上による不動産評価額に関する書面（当該業者作成の査定書、又は申立人あるいは申立代理人作成の報告書、いずれも当該業者の名称及び所在地が明示されたもの）
　(4)　予納金　１万○○○○円（審尋期日までに納付）

明する文書を作成してもらい、これを提出してもよいことになっています。この場合は、2つ以上の複数の異なった不動産業者に文書を作成してもらい、それぞれに不動産業者の名前を記入して押印してもらわなければなりません。

　東京地裁のような運用がなされていない裁判所では、オーバーローン物件であっても管財事件になると考えられ、その物件は破産管財人に管理処分権が帰属する破産財団に属することになります。ただし、オーバーローンであることが明らかな場合は、破産管財人の判断により破産財団から放棄され、破産手続から外される可能性もあります。そうなれば、同時廃止の場合と同様、破産者に不動産の管理処分権が復帰することになりますので、抵当権者による競売申立て、あるいは任意売却がなされることになります。

■ 各裁判所におけるオーバーローンの基準表 ……………………

東京地裁	不動産が担保する被担保債権の残額が査定書の評価額の1.5倍以上の場合
大阪地裁	①不動産が担保する被担保債権の残額が固定資産税評価額の2倍を超える場合 ②不動産が担保する被担保債権の残額が固定資産税評価額の1.5倍を超えて2倍までの場合は、被担保債権の残額が査定書の評価額の1.5倍を超える場合
横浜地裁	①被担保債権の残額が（不動産の）時価の1.2倍以上で ②現在も過去も個人事業者でなく ③負債総額が5000万円を超えておらず ④多数の債権者が存在しないこと（①〜④をすべて満たす）
名古屋地裁	①建物：被担保債権の残額が固定資産税評価額の1.5倍以上である場合 　土地：被担保債権の残額が固定資産税評価額の2倍以上である場合 ②被担保債権の残額が不動産業者2名の査定額の平均値の1.5倍以上である場合

令和○年○月○日

○○地方裁判所御中

申立人　　○○○○

オーバーローンの上申書

　申立人は不動産を所有しておりますが、以下のとおりオーバーローンの状況にありますので、当該不動産に関しては同時廃止に支障がないことを上申します。

$$\frac{\text{(被担保債権残額)}\quad 1500万円}{\text{(　評　価　額　)}\quad 1000万円} \;=\; 1\,.\,5倍$$

　なお、算出の根拠は下記のとおりです。

記

1　不動産の特定
　　添付の不動産登記簿謄本
2　被担保債務の残額
　　添付のローン残高証明書
3　評価額
　　不動産業者の査定書2社分
　なお、評価額は2社の評価額の平均値を記載しています。

破産管財人主導での任意売却について知っておこう

破産管財人主導の場合は担保権消滅許可制度の利用も考えられる

破産管財人が主導で任意売却を行うことがある

　債務者が自己破産を申し立てた場合、債務者の不動産を換金化するために破産管財人（管財人）の主導で任意売却を行うことがあります。

　通常、債務者が自己破産を申し立て、管財人が選任されると、債務者の財産は破産財団に組み込まれ、管財人にその管理・処分の権限が移行します。破産財団とは、債権者への弁済または配当の原資を確保するために、競売などで換価処分される財産の総称のことです。管財人の職務は、破産財団を増殖（高値で現金化）させて、より多くの配当金を生むことにあります。したがって、競売よりも任意売却の方が高値で売却できると管財人が判断すれば、裁判所の許可を得て、任意売却を行うことになります。この場合は、債務者ではなく、管財人が売主となります。

　なお、債務者が自己破産を申し立てた場合であっても、不動産で担保されている債権の残額が不動産の時価を上回る、いわゆる「オーバーローン物件」の場合には、管財人が選任されないか（同時廃止）、あるいは選任されたとしても管財人が当該不動産を破産財団から放棄した場合には、不動産の管理・処分の権限が所有者である債務者に復帰していますので、債務者自身が任意売却を行うことが可能になります。

破産管財人主導での任意売却と通常の任意売却の違い

　破産管財人（管財人）の主導で行われる任意売却は、通常の任意売却とどのような違いがあるのでしょうか。

　管財人主導で任意売却を行う場合は、まず、売却代金の一部を「破

産財団組入額」として破産財団に組み入れる必要があります。オーバーローン物件の場合、通常の任意売却では、売却代金から配当を受けることができるのは、抵当権などの担保権を設定している債権者に限られます。しかし、管財人の職務は、破産財団を増殖させて、１円でも多く配当原資を確保することにあります。そこで、任意売却に協力する代わりに、売却代金の一部を破産財団に組み入れ、無担保の債権者、あるいは本来であれば配当を受けることのできない後順位抵当権者へ配当するための原資を確保するわけです。この破産財団組入額の相場は、一般的には売却代金の３〜５％程度ですが、管財人によっては、それ以上の金額を要求してくるケースもあります。

　次に、任意売却に同意しない担保権者がいたり、後順位抵当権者などが法外な解除料（担保権抹消に協力することへの対価）を要求したりする場合には、管財人は、裁判所に対し、その不動産に設定されている担保権を消滅させる許可を申し立てることが認められています（詳細については次ページで後述します）。

▍抵当権者が破産管財人と協力して任意売却を進めることも可能

　破産管財人（管財人）が抵当不動産について任意売却を行う意思がある場合、任意売却の手続きは管財人によって進められますが、抵当権者が管財人と協力して任意売却を進めていくこともできます。

　そもそも抵当権など担保権を有する債権者は、債務者が自己破産を申し立てた場合であっても、破産手続とは関係なく自由に権利行使ができる「別除権」が認められています。そのため、管財人が選任された後でも、抵当権を実行して担保不動産を競売にかけることで、優先的に債権を回収できるというわけです。しかし、競売は任意売却に比べて売却価格が低いことから、管財人によって任意売却された方が抵当権者にとっても好都合であるケースが多く、その場合には、より多く債権を回収できるよう抵当権者が積極的に管財人に協力することが

あります。

私的な入札方式が利用されることがある

　破産管財人が主導とする任意売却では、私的な入札方式が利用されることがあります。これは複数の買受希望者を集い、一定期間内に内見をしてもらった上で入札をしてもらい、最高額を入札した買受希望者に売却する方法です。入札に際しては事前に、最低売却価額や破産財団組入額などについて各債権者の同意を得ておく必要があります。

担保権消滅許可制度を使った任意売却もある

　破産財団（213ページ）に属する不動産を任意売却する際に、破産債権者一般の利益に適うと判断した場合、破産管財人（管財人）は、裁判所に対して、その不動産に設定されている担保権を消滅させる許可を申し立てることができます。担保権消滅許可を得た管財人は、不動産に設定されている担保権を消滅させることができます。

　担保権消滅許可の申立てがあると、すべての担保権者のもとに申立書と対象不動産の売買契約の内容を記した書面が送られます。これに異議がある担保権者は、申立書類が送達された日から1か月以内に、担保権の実行の申立てをした上で、申立てをしたことを証明する書面を裁判所に提出することができます。管財人が担保権消滅許可制度を利用したからといって、抵当権者が抵当権を実行できなくなるわけではありません。異議がある場合には抵当権を実行し、対象不動産を競売にかけた上で債権の回収を図ることもできます。ただ、競売を行った場合、特に後順位抵当権者などは債権をまったく回収できなくなる可能性があります。少しでも債権を回収したい場合は、自分の希望額よりも低い金額だったとしても、管財人の提案する条件に従って解除料を得た方がよいケースもあるでしょう。

　このように、管財人が抵当不動産の任意売却手続を進める場合には、

裁判所に担保権消滅許可を申し立てることも視野に入れて、抵当権者と交渉を進めることができます。

担保権消滅許可制度を利用するケース

　破産管財人による任意売却が順調に進んでいる場合には、担保権消滅許可制度を利用する必要はありませんが、各抵当権者との調整がうまくいかない場合には、この制度を活用する必要があります。

　この制度を実際に利用しなくても、いざとなったら担保権消滅許可の申立てを行う可能性があることを相手に伝えながら交渉を進めることで、抵当権者による過度の要求を牽制することができます。

　そして、破産管財人からの提案に回答をしない抵当権者や、抵当権の解除に応じない後順位抵当権者などがいて手続きが進まない場合は、実際に申立てをして手続きを進めることもできます。

民事再生手続きを利用した場合

　抵当不動産の所有者が民事再生手続を利用した場合は、破産手続と異なって、手続きのどの段階であっても管理・処分の権限は所有者にあります。ただし、民事再生手続では、裁判所が選出する監督委員の同意を得なければ任意売却ができません。

■ 担保権消滅許可の申立てについて ……………………………………

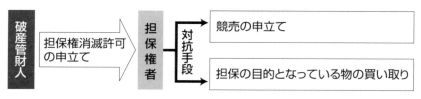

13 免責手続について知っておく

申立てから3か月で免責まで行くこともある

免責の申立てについて

　個人の自己破産の場合は、破産手続開始の申立てにより免責申立てをしたものとみなされます（申立ての際に免責申立てをしないとの申述をした場合を除く）。また、債務者が申立時に債権者一覧表を提示すれば、免責手続で債権者名簿を再び提出する必要はありません。

　裁判所は、必要に応じて破産管財人・破産債権者に対して免責についての意見申述を行わせます。破産管財人や破産債権者は、免責の当否について裁判所に意見を述べる機会を与えられるわけです。

　また、裁判所・破産管財人による免責についての調査もあります。この調査は必ず行われるものではありません。調査が行われた場合、破産者は調査に対する協力義務を負います。

　裁判所によっては運用により審理の期日を開く場合がありますので、免責の申立てをする裁判所に確認してみましょう。

免責が決定されるとどうなる

　免責の決定（免責許可の決定）は官報により公告されます。そして、破産債権者からの不服申立てがなく、官報に掲載された日から2週間が経過することによって、免責の決定が確定します。したがって、免責の決定が確定されるのは、免責の決定があった日からおおむね1か月後になります。

　このように免責の決定が確定すると、一定の免責されない債権（253ページ図）を除き、破産債権者に対する債務の支払義務がなくなります。さらに、免責の決定が確定すると当然に復権して破産者ではなく

なりますので、公法上および私法上の資格制限（219ページ）から解放されます。なお、免責の決定が確定したことは官報によって公告されません。

免責手続き中の強制執行は禁止されている

　債権者が強制執行（118ページ）により債務者の給料等を差し押さえてくる場合があります。給料等については、所得税や社会保険料等を控除した後の金額の4分の3については、差押えが法律上禁止されています。ただし、所得税や社会保険料等の控除後の金額が44万円を超える場合は、一律に33万円について差押えが禁止されるだけで、残りはすべて差押えの対象となります。

　たとえば、控除後の金額が50万円あれば、債務者に33万円を残して17万円を差し押さえることができます。

　破産手続が同時廃止となり、あわせて免責手続きへと移行することになったとしても、免責が確定するまでには、一定の時間が必要です。

■ 給与が差し押さえられる範囲 ……………………………………

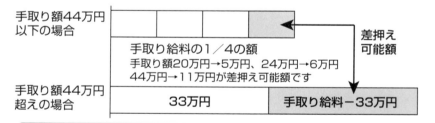

手取額とは給料から所得税・住民税・社会保険料などの法定控除額を差し引いた額のことです。
手取額が44万円を超える場合は、その手取額から一律33万円を差し引いた額を差し押さえることができます。つまり、33万円を債務者のもとに残せば、その残りはすべて差し押さえることができるのです。
なお、上図の33万円とは、標準的な世帯の必要生計費が勘案（考慮）されたもので、政令によって定められた額のことです。

そのため、免責手続き中に債権者によって強制執行が行われてしまうと
なると、破産者の経済的更生に支障が生じるおそれがあります。そこで、
免責が確定するまでの間は、債権者が新たに破産者の財産を差し押さ
えるなど、強制執行の手続きをとることはできないことになっています。

免責による借金からの解放と免責の不許可

破産者の免責審理が終わり、免責不許可事由がないと判断されると、
裁判所は免責の決定（免責許可決定）をします。免責不許可事由が
あっても、一切の事情を考慮して、裁判所の裁量で免責の決定をする
こともできます（裁量免責）。

前述したように、免責の決定が確定すると、一部の債権を除いて破
産債権者に対する債務の支払義務から解放される他、当然に復権して
破産者ではない元の状態に戻ります（公私の資格制限から解放されま
す）。もっとも、一度免責を受けると、以後7年間は免責を受けられ
ないのが原則です。

これに対し、免責の決定が行われなかった場合、つまり免責が不許
可になった場合には、破産者としての立場はそのままですが、自己破

■ 免責決定後も免責されない債権（非免責債権）………………

☐租税や社会保険（健康保険）料などの請求権
☐破産者が故意（わざと）または重過失（重大な不注意）によって人の生
命・身体を侵害した場合の不法行為による損害賠償請求権
☐養育費や扶養料など
☐雇用関係に基づいて発生した使用人の請求権（給与など）や使用人の預
り金返還請求権
☐債権の存在を知っていながら破産者が故意に債権者名簿に記載しな
かった請求権
（債権者が破産手続開始決定のあったことを知っていた場合は除く）
☐罰金、科料などの請求権

産したことがまったく無意味になるわけではありません。債務者が自己破産したことを知って、債権の回収をあきらめる債権者は少なくありません。

　一般的に免責が不許可になった場合の対策として、即時抗告（上級裁判所への不服申立て）および任意整理（160ページ）が考えられます。免責不許可の決定に対しては、高等裁判所への即時抗告ができます。即時抗告は、免責不許可の決定について告知を受けた日から1週間以内にしなければなりません。

　仮に免責不許可事由があって、明らかに免責の決定が受けられないような場合でも、破産手続開始決定は受けられます。債権者の中には、債務者が破産手続開始決定を受けたことによって、免責決定を待たずに債権の回収をあきらめる者もいます。そうなれば任意整理による債務整理も可能になってきます。

■ 主な免責不許可事由 ……………………………………………

①申立人が債権者の利益を直接害した場合
　破産者が財産を隠したり、その財産的価値を減少させたような場合や、返済不可能状態であるにもかかわらず、その状態でないかのように債権者を信用させて、さらに金銭を借り入れたような場合など

②手続きの円滑な進行を妨げたり、間接的に債権者の利益を害した場合、説明義務を尽くさなかったような場合
　ウソの事実を記載した債権者一覧表を裁判所に提出したり、財産状態を偽って陳述したような場合など

③特定の債権者に特別の利益を与えるために、担保を提供したり、弁済期前に弁済した場合

④浪費・ギャンブルなどによって著しく財産を減少させ、または過大な債務を負担した場合

⑤免責の申立ての前7年以内に、免責を得ていた場合

⑥その他破産法で定める義務に違反した場合

　　※免責不許可事由があっても、裁判官の裁量により免責決定がなされる場合もあります

Q 自己破産して免責決定を受けると税金や社会保険の滞納分はどうなるのでしょうか。

A 免責の決定（免責許可決定）が確定すると、破産債権者に対する債務の支払義務から解放されるのを原則としますが、すべての債務の支払義務から解放されるわけではありません。免責決定後も支払義務から解放されない債務（債権者の側から見ると債権）のことを非免責債権といいます。

たとえば、納税の義務は、教育の義務、勤労の義務と並ぶ国民の三大義務のひとつとして、憲法で規定されています。そのため、国や地方公共団体の税金（租税債権）は、破産して免責の決定を受けても、国民の義務として支払義務のある税金は支払わなければならないとの考えから、非免責債権となっています。つまり、税金を滞納している場合には、免責決定後であっても、滞納分の税金は支払義務のある債務として残ることになります。

また、社会保険（健康保険など）についても、税金と同様に非免責債権となっています。保険制度は国民がそれぞれ資金を出し合って支えるものです。そのため、破産して免責決定を受けても、滞納分の支払義務からは解放されないものとしています。

■ 租税債権の扱い ……………………………………………

| 所得税・法人税 固定資産税・事業税 など | ➤ | 財団債権となる | ➤ | 国や地方自治体は破産手続によることなく徴収することができる |

破産手続開始当時において、①納期限が到来していないもの、または、②原則として納期限から1年を経過していないもの

【監修者紹介】

松岡　慶子（まつおか　けいこ）

認定司法書士。大阪府出身。神戸大学発達科学部卒業。専攻は臨床心理学。音楽ライターとして産経新聞やミュージック・マガジン、クロスビート、ＣＤジャーナルなどの音楽専門誌等に執筆経験がある。2013年4月司法書士登録。大阪司法書士会会員、簡裁訴訟代理関係業務認定。大阪市内の司法書士法人で、債務整理、訴訟業務、相続業務に従事した後、2016年に「はる司法書士事務所」を開設。日々依頼者の方にとって最も利益となる方法を模索し、問題解決向けて全力でサポートしている。

監修書に『図解で早わかり　商業登記の基本と実務』『図解で早わかり　不動産登記のしくみと手続き』『最新　不動産業界の法務対策』『抵当・保証の法律と担保をめぐるトラブル解決法』『図解　土地・建物の法律と手続き』『最新　内容証明郵便実践文例集200』『最新　会社役員【取締役・監査役】のための法律常識と手続き　疑問解決マニュアル』（いずれも小社刊）などがある。

はる司法書士事務所
大阪府大阪市中央区平野町3-1-7　日宝平野町セントラルビル605号
電話：06-6226-7906　mail harulegal@gmail.com
http://harusouzoku.com

すぐに役立つ
最新
不動産の売却【任意売却・相続放棄・空き家処分】と
債務整理の法律問題

2021年4月30日　第1刷発行

監修者　　　松岡慶子
発行者　　　前田俊秀
発行所　　　株式会社三修社
　　　　　　〒150-0001　東京都渋谷区神宮前2-2-22
　　　　　　TEL　03-3405-4511　FAX　03-3405-4522
　　　　　　振替　00190-9-72758
　　　　　　http://www.sanshusha.co.jp
　　　　　　編集担当　北村英治
印刷所　　　萩原印刷株式会社
製本所　　　牧製本印刷株式会社

©2021 K. Matsuoka Printed in Japan
ISBN978-4-384-04865-0 C2032